알기 쉬운 **교양 헌법**

알기 쉬운 **교양 헌법**

발행일 2019년 01월 11일 **발행인** 오덕성 **지은이** 심경수
펴낸곳 궁미디어(충남대학교출판문화원) **주소** 대전광역시 유성구 대학로 99
전화 042-821-6045 **홈페이지** www.cnupress.co.kr **E-mail** cnupress@cnu.ac.kr

ISBN 978-89-7599-006-9 03360
정가 12,000원

알기 쉬운
교양 헌법

심경수

궁미디어 GUNGMEDIA

"대한민국은 민주공화국이다. 대한민국의 주권은 국민에게 있고, 모든 권력은 국민으로부터 나온다." 국가를 집에 비유하자면, 그 주인은 국민입니다. 국가의 입법부 · 행정부 · 사법부는 그 집의 주인인 국민이 만드는 것입니다. 독일연방헌법 제20조 제2항에서도 규정하듯이, 민주적 법치국가에서의 국가권력은 국민에서부터 출발하는 것이고, 오직 선거와 투표를 통해서만 구성됩니다. 집은 주인인 국민의 보금자리이고 국민의 안식처가 되는 것입니다. 이러한 기본원리들이 헌법에 규정되어 있습니다. 헌법은 국가의 주인인 국민의 자유와 권리들을 보장합니다. 헌법에 의하여 국민의 기본적인 자유와 권리를 누리고 행복을 추구합니다. 그래서 집의 구조를 이루는 즉 국가의 구조를 이루는 헌법은 최고의 법입니다. 헌법에 의하여 국가는 다스려집니다. 헌법에서 규정한 대로 국민은 국회의원과 대통령을 선출하고, 질서를 유지할 수 있는 국가기관을 구성합니다. 그러므로 헌법에 의하여 구성된 국가기관은 주인인 국민의 자유와 권리를 지키고 실천해 나가야 하는 헌법을 수호해야 하는 의무가 있습니다. 국가기관이 헌법을 무시하거나 헌법에 위반되는 일을 하여서는 안 되는 것입니다. 대한민국이라는 집 아래에서의 그 모두가 국가의 주인이고 나라의 주인이 헌법을 지켜야 하는 것은 자명한 일입니다. 헌법을 지키는 것은 국가기관만의 문제가 아니라 주인인 국민에게도 있다는 것입니다. 누구보다도 국가의 주인인 국민은 헌법을 잘 알고 있어야 합니다.

이 책은 국가의 주인인 국민으로서 누구나가 알아야할 헌법의 기초적인 내용을 알기 쉽게 하기 위하여 만들어진 교양 헌법서입니다. 대학에서 교양을 위한 교재에 중점을 두어 서술하였지만, 일반인들도 쉽게 이해할 수 있도록 하였습니다. 물론 국가를 운영하는 공무원들도 헌법을 잘 알아야 하겠습니다. 우리 모두가 민주시민으로서 인간다운 생활을 유지하기 위하여 그리고 행복한 삶을 추구하기 위하여 헌법을 잘 알아야 하겠습니다. 국민의 안녕이 최고의 법(salus populi suprema lex)이라는 말은 이러한 헌법정신의 의미를 담고 있습니다. 일반인 · 대학생 · 고등학생 · 공무원 등 여러분 모두가 이 책을 통하여 헌법을 알기 쉽게 이해하고, 국가의 주인으로서 인간의 존엄성과 행복을 추구하기를 바랍니다.

2018. 9.

심경수

Contents

PART 01 **총강** …9

01 헌법이란 무엇인가? …11
02 헌법의 기본원리 …21
03 민주공화국과 국민주권 …32
04 국제질서와 인권 및 국제평화주의 …35

PART 02 **기본권** …39

05 기본권총론 …41
06 인간의 존엄과 가치와 행복추구권 …44
07 평등권 …54
08 신체의 자유 …62
09 주거의 자유 및 거주·이전의 자유 …70
10 사생활의 비밀과 자유 …75
11 통신의 자유 …80
12 양심의 자유 …83
13 종교의 자유 …87
14 학문·예술의 자유 …91
15 언론·출판·집회·결사의 자유 …96
16 재산권, 경제생활, 직업의 자유 …105
17 선거권, 공무담임권, 청원권 …113
18 01 재판을 받을 권리 …119
19 교육, 근로, 혼인과 가족생활 …127

PART 03

20 환경에 관한 권리 …136
21 국민의 의무 …140

국가기관 …145

22 국가기관의 조직원리 …147
23 정당과 선거 …157
24 국회 …164
25 대통령과 정부, 지방자치 …174
26 법원과 헌법재판소 …185
27 헌법재판과 헌법재판소 …196

PART 04 **부록** …205

PART 01

총강

01 헌법이란 무엇인가
02 헌법의 기본원리
03 민주공화국과 국민주권
04 국제질서와 인권 및 국제평화주의

01 헌법이란 무엇인가?

사람이 사는 집에 비유하자면 헌법은 한 나라의 집이라고 할 수 있다. 집이 그 안에 사는 사람을 편안하게 해주고 비바람으로부터 보호해 주는 것처럼, 헌법 또한 나라의 국민에게 정치적인 안정과 평화 그리고 부당한 인권침해를 막아주는 기능을 한다. 집은 사람이 살기위해 필요한 것이므로 그 자체가 목적은 아니다. 헌법도 목적이 아니라 국민이 편하고 평화롭게 살아가기 위해서 만들어진 것이다. 따라서 국민안전과 평화를 보호해 주지 못하는 헌법은 마치 비가 새는 집처럼 헌법의 구실을 하지 못한다고 할 수 있다. 헌법을 만들지 않고 한 나라를 세울 수 없다. 그래서 헌법 없는 나라는 없다는 이야기가 나오는 것이다.

헌법의 개념과 분류

1. 헌법의 개념

헌법이란 말은 영어로 constitution이라고 하는데, 이 말은 라틴어의 constituere에서 온 말로 "창설하다", "설치하다", "정돈하다", 즉 특정의 형태 또는 질서를 갖춘다는 뜻이다. 헌법이란 특정한 상태 또는 형태를 구성하는 법 즉 기본법이란 뜻이다. 국가를 대상으로 헌법이라는 말을 쓸 때, 헌법이란 국가의 법적 기본질서를 의미한다.

국가의 법적 기본질서로서 헌법이란 국가의 기본이념, 국민의 기본적인 법적지위, 그리고 국가의 조직에 관한 국민적 합의를 규범화한 국가의 최고법이다. 이렇듯 국가의 헌법을 국가의 법적 기본질서로 이해할 때, 헌법은 몇 가지 의미를 담고 있다.

첫째, 헌법은 국가가 나아가야 할 기본이념, 국민의 지위 및 국가조직의 기본 사항을 담고 있다.

둘째, 헌법이 헌법으로서 정당성을 갖기 위해서는 헌법을 제정하는 것에 대한 국민적 합의가 있어야 한다.

셋째, 헌법은 모든 법의 기초로서 모든 법의 효력을 통제할 수 있는 최고법이다.

2. 헌법의 분류

헌법은 크게 ①역사적 의미 변화에 따른 헌법개념 분류, ②형식적 헌법전 여부에 따른 분류, ③개정의 난이도에 따른 분류, ④헌법규범과 헌법현실이 일치하는지 여부에 따른 분류 등 4가지로 나눌 수 있다.

(1) 역사적 의미 변화에 따른 헌법개념 분류

헌법은 기본적으로 국가의 법적 기본질서란 의미를 갖고 있지만, 그 개념은 항상 일정한 것이 아니라 다양한 의미를 갖고 있고, 역사적으로 그 의미가 변화되어 왔는데, 역사적 의미변화를 기준으로 헌법의 개념을 크게 네 가지로 구분해 보면 첫째, 고유한 의미의 헌법, 둘째, 근대 입헌주의 헌법, 셋째, 현대 복지국가(사회국가)적 헌법으로 나눌 수 있다.

(가) 고유한 의미의 헌법

어떤 공동체가 정치적으로 통일된 단위로 계속 유지되려면 일정한 권력체계와 조직이 있어야 하는데, 이와 같이 권력체계와 조직에 대한 기본적인 내용을 규정한 기본법을 고유한 의미의 헌법이라 한다. 이런 의미에서 모든 국가는 고유한 의미의 헌법을 가지고 있었고, 삼국시대나 고려, 조선시대에도 이러한 의미의 헌법은 있었다. 국가 있는 곳에 헌법이 있다고 할 때의 헌법이 바로 이러한 고유한 의미의 헌법개념이다.

(나) 근대 입헌주의 헌법

근대적 헌법개념은 18세기 말 시민혁명을 역사적 배경으로 한다. 근대 입헌주의적 의미의 헌법은 절대군주제를 종식시키고 국민주권에 기초하여 국민의 기본권을 보장하고 권력분립을 통해 국가권력의 남용을 억제하기 위해 제정된 헌법이다. 대표적인 것으로는 1776년 버지니아 권리장전, 미국 주 헌법 및 1787년 미연방헌법, 1789년 프랑스 인권선언과 1791년 프랑스헌법을 들 수 있다.

(다) 복지국가(사회국가)적 헌법

자본주의 체제의 근간을 유지하면서 그 모순점을 극복하려고 한 여러 국가들은 근대 입헌주의 국가에서 발생한 여러 가지 사회적 모순을 극복하기 위해 국가가 적극적으로 개입함으로써 국민의 자유와 평등을 실질적으로 보장하는 복지국가로 전환하게 되었다. 즉 현대 복지국가적 헌법은 근대 입헌주의적 헌법의 기반위에 국민의 자유와 권리가 실질적으로 보장될 수 있도록 사회보장과 사회적 시장경제 질서를 도입한 헌법 개념이다.

(2) 형식적 헌법전 여부에 따른 분류(성문헌법과 불문헌법)

형식적 헌법전이 있느냐 없느냐에 따라 분류할 수 있다. 헌법이 어떤 형식으로 있느냐에 따른 분류이다. 헌법전의 형식으로 헌법적 내용을 규정한 경우 이를 성문헌법이라 한다. 우리나라는 헌법전을 갖고 있기 때문에 성문헌법국가에 해당된다.

헌법이 있기는 하지만 헌법전의 형식이 존재하지 않는 경우 이를 불문헌법이라 한다. 영국 같은 불문헌법국가는 통일된 형식적 헌법전을 갖고 있지 않지만, 헌법적 내용을 담은 법률 또는 헌법관행과 헌법판례가 성문헌법을 대신한다.

(3) 개정의 난이도에 따른 분류(경성헌법과 연성헌법)

헌법은 개정의 난이도에 따라 분류할 수 있다. 경성헌법은 헌법을 개정할 때 일반 법률보다 더 엄격한 절차를 갖추어야 하는 헌법을 말하며, 연성헌법은 일반 법률과 같은 절차로 개정될 수 있는 헌법을 말한다. 우리나라 헌법은 경성헌법에 해당하며, 대표적인 연성헌법은 영국헌법을 들 수 있다.

(4) 헌법규범과 헌법현실의 일치 여부에 따른 분류

나라마다 헌법은 있지만 헌법이 제구실을 하지 못하고 이름만 헌법인 경우도 꽤 많다. 그렇기 때문에 헌법을 만드는 그 자체가 능사가 아니라 제구실을 할 수 있는 쓸모 있는 헌법을 만드는 것이 중요하다. 또한 쓸모 있는 집은 시대감각과 생활환경에 맞는 집인 것처럼, 헌법도 시대상황과 국민들의 정치적인 감각을 잘 반영해서 사회를 통합할 수 있게 만들어야만 쓸모가 있다.

칼 뢰벤슈타인(K. Loewenstein)에 따르면, 헌법은 헌법규범과 헌법현실이 일치하는지 여부를 기준으로 '규범적 헌법', '명목적 헌법', '장식적 헌법'으로 분류할 수 있다.

(가) 규범적 헌법

규범적 헌법이란 헌법규범이 실제로도 국가의 현실과 일치하는 헌법을 말한다. 헌법을 옷으로 국가현실을 사람 몸으로 비유할 때, 몸에 잘 맞는 옷과 같은 헌법을 말한다. 예를 들어 헌법이 제 구실을 다해서 모든 국민에게 정치적인 안정과 평화를 누릴 수 있게 해주고 사회통합을 이루는 나라, 즉 정치적인 선진국이 갖고 있는 헌법을 말한다.

(나) 명목적 헌법

명목적 헌법이란 헌법은 존재하나 현실적 여건으로 인하여 국가현실이 헌법과 일치하지 않는 유명무실한 헌법을 의미한다. 이는 마치 더 자란 다음에 입을 생각으로 현재는 입지 않고 옷장에 걸어둔 옷과 같은 것이다. 제1 · 2차 세계대전을 전후하여 신생국가들이 자국의 현실을 고려할 때, 실현가능한지 따져보지 않은 채 서구의 헌법을 받아들여서 이상적인 헌법을 채택한 신생국가의 헌법이 이 경우에 해당한다.

(다) 장식적 헌법

장식적 헌법이란, 헌법이 적용되고 있기는 하지만, 국가의 집권자의 이익만을 위해 현재의 정치적 권력상태를 헌법적 용어로써 미화한 것에 지나지 않는 것을 말한다. 헌법이 마치 벌거벗은 권력을 가리기 위한 얇은 커튼에 불과하다. 권력이 독점되고 권력을 가진 자가 임의적으로 행사할 수 있도록 제도화된 헌법들이 여기에 속하는데, 전체주의 국가의 헌법이 여기에 해당한다.

헌법의 특성

헌법의 특성은 관점과 기준에 따라 여러 가지를 들 수 있다. 여기서는 헌법규범이 다른 법규범들, 즉 민법, 형법, 상법과 비교해서 어떠한 특징을 갖는지 살펴본다. 최고규범성, 자기보장성, 개방성, 정치성, 이념성을 들 수 있다.

1. 최고규범성

헌법은 나라의 주춧돌에 해당하기 때문에 아주 튼튼해야 한다. 즉 헌법은 그 효력이 모든 법 중에서 제일 강해야 한다는 말이다. 오늘날 사람이 지배가 아니라 법이 지배하는 나라에서 헌법은 한 나라의 법 중에서도 제일 강한 효력을 갖는 으뜸가는 법이다. 그래서 헌법에 어긋나는 법률은 효력을 가질 수 없다. 헌법재판소가 하는 중요한 일 중 하나로, 헌법에 어긋나는 법률을 위헌이라고 선언해서 효력을 잃게 하는 위헌법률심판을 들 수 있다.

2. 자기보장성

헌법은 그 효력을 스스로 보장해야 한다. 헌법은 다른 법과는 달리 그 효력을 보장해줄 외부로부터의 강제수단이 없다. 다른 법들은 국가권력이라는 막강한 강제수단이 그 효력을 보장해준다. 그러나 헌법은 대부분 바로 국가권력 자체를 구속하는 규정들이기 때문에 국가권력이 스스로 지키지 않는 경우 강제하기 어렵다. 따라서 헌법은 권력분립, 헌법재판과 같은 스스로 그 효력을 부여하기 위한 장치들을 헌법 안에 마련해 두고 있다.

3. 개방성

헌법은 원칙적인 사항만을 규정하는 데 그친다. 다원적인 정치세력간의 합의이기 때문에 구체적이고 개별적인 사항을 모두 확정할 수는 없다. 헌법은 중요한 사항들만을 규정할 수밖에 없고, 그 구체화는 국회와 같은 입법자가 사후에 결정하도록 맡겨둔다. 이렇게 헌법이 모든 것을 확정적으로 규정하지 않고 구체적인 내용은 그때그때 입법자가 상황에 맞게 정할 수 있도록 한 것을 가리켜 개방성이라 한다.

4. 정치성

헌법은 다른 법과 달리 강한 정치성을 갖고 있다. 헌법은 처음부터 나라를 세우기 위해서 만든 법이므로 정치적인 색채가 매우 강할 수밖에 없다. 헌법의 구조가 개인사이의 법률문제를 해결하기 위해 만든 민법과 다른 이유는 바로 그 때문이다.

5. 이념성

헌법은 특유의 이념과 가치질서를 내용으로 하고 있다. 예를 들어 근대 입헌주의국가 헌법은 '시민적 자유주의'를 이념으로 하고, 사회주의국가 헌법은 '사회주의'를 이념으로 하고 있다. 헌법은 국가와 국민이 추구해야 할 기본적인 가치와 이념을 담고 있는 법이라는 점에서 다른 법보다 이념적 성향이 강하다.

헌법의 제정과 개정

헌법을 제정할 수 있는 권력과 헌법제정의 의미와 누가 언제 어떠한 절차를 통해 개정되는지에 대해서 살펴본다.

1. 헌법의 제정

헌법을 제정할 수 있는 권력이란 무슨 의미일까? 헌법을 제정한다는 것은 헌법을 만든다는 것이다. 국가의 법적 기본질서를 처음으로 만드는 행위를 말한다. 이처럼 헌법을 제정할 수 있는 권력을 헌법제정권력이라고 한다. 헌법제정권력은 헌법 이전부터 있는 헌법 위에 있는 힘이며, 헌법에 의해 인정될 필요가 없는 정치적인 힘이라고 할 수 있다. 헌법제정권력을 행사해서 헌법이 제정되면 이를 통해 정치적 공동체인 국가가 탄생된다.

헌법을 제정할 수 있는 권력은 누가 갖고 있는가? 헌법을 제정할 수 있는 권력은 중세에는 신이 갖고 있었고, 절대왕정시기에는 군주가 갖고 있었으며, 프랑스혁명 당시에는 국민이 갖고 있었다. 오늘날과 같이 국민주권이 확립된 민주주의 시대에서 헌법을 제정할 수 있는 권력의 주체는 국민이다.

2. 헌법의 개정

(1) 개정시기와 주체

헌법은 누가 언제 고칠 수 있나? 헌법의 개정이란 헌법이 정한 절차에 따라 헌법의 기본적인 동일성을 유지한 채로 헌법의 조항을 고치는 것을 말한다. 우리 헌법은 헌법 제10장에서 국민의 대표기관인 국회의 의결과 국민투표를 거쳐서 헌법개정이 확정되도록 규정함으로써 국민이 헌법을 개정할 수 있는 주체임을 밝히고 있다. 그러나 아무리 잘 지은 집도 세월이 흐르면 여기저기 보수해야할 부분이 생기는 것처럼, 한 나라의 헌법도 시간이 흘러 정치상황이 바뀌고 국민들의 생활감각이 달라지면 현실과 잘 맞지 않는 내용이 생길 수 있다. 바로 보수의 필요성이 생겼을 때, 바로 그때그때 보수해야 집의 수명을 연장할 수 있듯이, 한 나라의 헌법도 현실과 동떨어진 부분이 너무 커지기 전에 그렇게 동떨어진 부분을 없애거나 좁혀주어야 오랫동안 헌법으로서의 제 역할을 계속해 나갈 수 있다. 반면 헌법이 너무 자주 바뀌면 사회가 불안정해질 수 있기 때문에 헌법의 개정에 신중을 기하고 헌법개정을 어렵게 하는 것이 일반적이다. 즉 대다수의 헌법을 너무 쉽게 고칠 수 없도록 고치는 절차와 방법을 일반 법률의 개정보다 어렵게 정해놓고 있어 고치기가 쉽지 않다.

(2) 개정절차

헌법은 어떠한 절차를 거쳐서 고칠 수 있나? 우리헌법의 개정절차는 제안, 공고, 국회의결, 국민투표, 공포, 시행의 절차로 이루어진다.

제안은 국회 재적의원 과반수 또는 대통령이 발의하며, 공고는 대통령이 20일 이상, 국회의결은 공고일로 부터 60일 이내에 국회 재적의원 2/3 이상의 찬성을 얻어야 하고, 국민투표는 국회의결이 있는 날로부터 30일 이내에 하여야 한다. 즉 우리 헌법은 경성헌법으로 그 개정은 법률을 제정하는 것보다 훨씬 엄격한 절차를 거치도록 하고 있다.

(3) 개정한계

헌법개정은 헌법개정절차에 따르면 어떤 규정이든 개정될 수 있는가? 만일 모든 헌법규정이 개정의 대상이 될 수 있다면, 합법적인 개정의 방식으로 헌법 자체를 제거해 버릴 위험이 발생하게 된다. 이러한 위험을 방지하고 헌법을 보호하기 위해서 헌법 안에 헌법개정의 한계를 규정하기도 한다. 하지만 그렇게 한다고 해서 문제가 해결되는 것이 아니다. 왜냐하면 헌법개정권자가 우선 헌법개정의 한계조항을 개정하고 나면 다른 모든 헌법규정도 개정할 수 있기 때문이다. 따라서 헌법을 수호하고 지속적으로 유지하기 위해서 헌법개정을 할 수 없는 내용적 한계가 있다는 논의가 있다.

헌법개정은 역사적 발전과정 속에서 공동체가 지속적으로 유지할 수 있도록 하기 위한 것이므로, 헌법개정의 한계는 헌법의 동일성을 깨뜨리지 않는데 있다. 그러므로 헌법을 전체적으로 폐지하거나 기초가 되는 역사적 · 구체적 질서의 동일성을 상실시키는 헌법개정은 금지된다. 여기서 동일성이란 한국 헌법의 핵심이나 본질적인 내용을 이루는 것으로서, 그것이 없어질 때 그 제도 자체의 구조나 유형이 변경되는 것을 말한다. 예를 들면 한국 헌법의 실질적 핵심은 자유민주적 기본질서로 볼 수 있으므로, 자유민주적 기본질서는 헌법개정의 한계가 된다. 헌법재판소 결정에 따르면, 자유민주적 기본질서란 모든 폭력적 · 자의적 지배를 배제하고 다수를 존중하면서도 소수를 배려하는 민주적 의사결정과 자유 · 평등을 기본원리로 하여 구성되고 운영되는 정치적 질서이다.

우리 헌정사에서 공화국에 차수를 붙여 나가는 공화국의 시대구분은 언제 어떤 기준으로 하는 것일까? 공화국이라는 말은 원래 군주제를 배척한다는 의미를 갖고 있다. 제 몇 공화국이라는 공화국의 시대구분은 시민혁명 이후 공화국과 군주제가 서로 교차적으로 반복되었던 프랑스에서 비롯되었다. 우리는 프랑스와는 달리 1948년 제헌헌법부터 지금까지 계속 공화국이 그대로 유지되고 있다. 그러나 헌정사에 커다란 변화가 생겨서 헌법을 전면적으로 개정했을 때 공화국의 차수를 변경했다. 우리 헌법은 제헌헌법부터 1987년 현행 헌법까지 모두 9차에 걸쳐 개정되었는데, 그 중에서 헌정사에 커다란 변화가 생겨서 헌법을 전면적으로 개정했던 5번을 기준으로 공화국 차수를 차례대로 세면 현행 헌법은 '제6공화국 헌법'이 된다.

02

헌법의 기본원리

헌법의 기본원리는 국가공동체가 어떻게 구성되고 무엇을 위해 존재해야 하는지에 관한 것으로, 헌법에 명시적 또는 묵시적으로 규정되어 있다. 헌법의 기본원리를 이해하는 것은 헌법과 국가를 올바르게 이해하는 데 반드시 필요하다.

민주주의 원리

민주주의 원리는 헌법의 질서를 만들어 나가는데 있어서 가장 기초가 되는 헌법 원리이다. 민주주의의 가장 큰 적은 민주주의를 억압하고, 민주주의와는 함께 갈 수 없는 전체주의나 독재정이었다. 그럼에도 전체주의나 독재정을 옹호하는 사람들이 스스로를 정당화하기 위하여 도리어 '민주주의의 수호'를 운운하는 경우가 간혹 있기 때문에 주의해야 한다. 오늘날 우리가 지극히 상식적인 것으로 알고 있는 민주주의 원리는 수많은 사람들의 희생 속에 쟁취되고 확립된 것이다. 우리 헌법 전문도 이러한 사실을 반영하여, "우리 대한국민은 불의에 항거한 4 · 19 민주이념을 계승"한다고 밝히고 있다.

민주주의(democracy)라는 말은 그리스어의 demos(국민)와 cratia(지배하다)의 합성어로서 "국민이 스스로 지배한다"는 말이다. 민주주의라는 말의 뜻이 국민이 스스로 지배한다는 뜻에서 알 수 있듯이, 국민이 자유롭고 평등하게 국가의사결정에 참여함으로써 국가공동체에서 자기결정의 사고를 실현하고자 하는 원리이다. 국민의 자기지배를 이루려면 국가권력을 조직하고 행사하는 것이 항상 국민의 의사에서 비롯되어야 한다. 따라서 헌법적 관점에서 보면, 국민이 국가권력의 근원이고 주체이어야 할 뿐만 아니라(국민주권주의), 국가권력을 직접적이든(국민투표제) 간접적이든(대의민주주의) 간에 국민이 스스로 행사해야 한다는 원리이다.

국민주권주의란 주권, 즉 국가의 최고권력이 국민에게 귀속된다는 원칙이다. 국민주권주의는 국가권력의 주체는 국민이며, 국민만이 국가권력에 정당성을 부여할 수 있다는 원리이다. 헌법 제1조 제2항 "대한민국의 주권은 국민에게 있고, 모든 권력은 국민으로부터 나온다."는 규정은 '국민주권주의'를 선언한 것이다.

1. 국가권력 행사방법

국가권력의 주인이 누구인지를 말해주는 원리를 국민주권주의라고 한다면, 그 다음에는 국가권력의 주인이 국민이 되기 위해서 구체적으로 어떠한 방법으로 국민이 국가권력을 행사할 수 있는지가 문제로 된다. 국민이 국가권력을 행사하는 방법에는 대의민주주의, 국민투표, 여론의 형성에 있다.

(1) 대의민주주의

선거를 통해 국민의 대표자를 선출하고 그 사람들에게 국가권력을 맡기는 것을 대의민주주의라고 한다. 현대 국가에서는 국민의 수가 너무 많고 또한 그 이해관계도 복잡·다양하기 때문에 국민이 직접 국가의 정책결정을 결정하는 것은 불가능하다. 대부분의 국가는 대의민주주의를 중심으로 하면서 직접민주주의의 요소를 가미하고 있다.

선거제도는 대의민주주의를 실현시키기 위한 가장 중요한 수단이다. 국민은 국민의 대표자를 선출하는 선거를 통해서 간접적으로 국가의사형성에 참여하게 되고, 대표자는 선거를 통해서 국민으로부터 정당성을 부여받는다. 국민의 대표를 선출하는 선거가 민주적 정당성을 부여받기 위해서는 민주적 선거의 원칙, 즉 보통·평등·직접·비밀·자유선거의 원칙에 따라 선거가 이루어져야 한다.

(2) 국민투표제도

국민투표제도는 국민이 국가정책결정에 직접 참여하는 대표적인 제도로서 국민의 의사를 직접 확인할 수 있는 좋은 방법 중의 하나이다. 그러나 오늘날 국민투표제도는 여러 가지 현실적 여건 때문에 실제로는 그 본래의 취지를 실현하기 어렵고, 오히려 악용될 소지도 있다. 그렇기 때문에 이 제도는 각국의 헌법에서 점차 사라지고 구체적인 사안에 대해서 제한적으로만 채택되고 있다.

우리 헌법은 외교·국방·통일 기타 국가안위에 관한 중요정책에 대한 국민투표제도(헌법 제72조)와 헌법개정안에 대한 국민투표제도(헌법 제130조 제2항)를 두고 있다. 이렇게 우리 헌법은 대의제를 통한 간접민주주의를 기본으로 하면서도 예외적으로 국민투표제도를 통한 직접민주주의를 함께 제도화 하고 있다.

(3) 여론의 형성

국민은 선거와 투표뿐만 아니라 여론의 형성을 통해서도 정치적 결정에 영향력을 미친다. 예를 들어 국민은 대표자가 임기를 종료하면 그 다음 선거를 통해 심판할 수 있을 뿐만 아니라, 대표자 임기 중이라도 대표자의 정책에 대하여 비판적 여론을 형성할 수 있다. 또한 정당이나 각종 이익단체 등의 활동을 통해 다양한 국민의 의사가 대표자의 정책에 크고 작은 영향을 미치고 있다. 우리 헌법은 여론의 자유로운 형성을 위해서 언론 · 출판 · 집회 · 결사의 자유나 정당설립과 가입의 자유를 보장하고 있다.

2. 다수결의 원칙

국가 안에는 수많은 정치적인 의견들이 있는데, 민주주의를 한다고 해서 당사자 전원의 동의를 얻기는 어렵다. 그래서 전원의 동의가 없더라도 결정할 수 있는 방식이 있어야 하는데, 그것이 바로 다수결의 원칙이다. 오늘날 다수결은 민주적 의사결정이라고 생각하는 것이 일반적이고, 다수의 의사는 국민 전체의 의사를 대신하게 되었다.

3. 다원주의

다원주의에서는 어떤 이념이나 정치적 신념을 가진 사람이라도 모두 정치에 자유롭게 참여할 수 있도록 열려있어야 한다. 어느 한 쪽이 절대적으로 옳다고 생각하는 절대적인 입장이 아니라 자신의 입장과 다른 사람들도 인정하고 수용할 수 있는 상대적인 입장을 가져야 한다. 복수정당제는 오늘의 다원화된 사회에서 민주주의가 기능하기 위한 중요한 요소가 되고 있으며, 지방자치제도 역시 정치적 다원주의를 지방차원에서 실현하기 위한 중요한 제도로 이해되고 있다.

4. 방어적 민주주의

(1) 개념

민주주의는 절대적 가치를 인정하지 않는 다원주의에 기초하고 있다. 그러나 적극적 · 의도적으로 민주주의를 파괴하려는 사상을 가진 사람들이나 단체들까지 자유롭게 정치과정에 참여할 수 있도록 허용하면 민주주의가 파괴될 수 있기 때문에 위험하다. 민주주의를 다원주의 입장에서 이해한다면 민주주의란 아무런 내용도 없는 형식적인 의사결정방식에 지나지 않는다. 따라서 누구든지 다수의 지지를 얻기만 하면 권력을 장악할 수 있게 된다. 민주주의가 비록 다원주의에 기초하고 있지만, 민주주의 자신을 보호하거나 방어하는 것마저 포기해서는 안 된다. 민주주의를 부정하는 민주주의 적으로부터 민주주의를 방어할 수 있는 보호장치를 마련해야 하는데, 이것을 방어적 민주주의 이론이라고 한다.

(2) 이론적 배경

방어적 민주주의 이론이 생겨난 배경은 무엇인가? 독일에서 만들어진 방어적 민주주의 이론은, 독일 최초의 민주공화국인 바이마르공화국이 민주적 절차에 의해 집권한 나치에 의해 붕괴되자, 독일에서는 형식적 민주주의로 이해했던 바이마르 헌법에 대한 반성이 일어났다. 바이마르공화국의 실패를 되풀이하지 않기 위해서 2차 대전 이후 독일에서는 민주주의를 단순히 형식적으로 이해하지 않고, 자유민주적 기본질서와 같은 가치에 구속시켜야 한다고 생각하게 되었다. 그래서 민주주의 적으로부터 민주주의를 보호하기 위해 방어적 민주주의 이론을 만들었다. 이러한 방어적 민주주의를 실현하기 위해 도입한 대표적인 제도가 바로 정당해산제도다.

법치국가원리

법치(法治)국가는 인치(人治)국가와 구별해서 이해하면 좋다. 인치국가는 사람이 통치하는 국가를 말하지만, 법치국가는 법에 의해 통치되는 국가를 말한다. 법치주의는 기본적으로 사람에 대한 불신에서 출발한다. 사람은 감정적으로 또 자의적으로 통치할 위험이 있기 때문에, 사람이 아닌 객관적이고 공정한 법에 의한 통치가 행해져야 한다는 것이다. 그렇게 함으로써 권력을 가진 사람이 자의적으로 권력을 행사하는 것을 막고, 개인의 자유와 권리를 보장하려는 것이다. 법치국가의 내용은 시대와 국가에 따라 차이가 있다. 우리 헌법상 구현된 법치국가원리는 다음과 같다.

1. 기본권 보장의 이념

사람이 아닌 법에 의해 통치된다는 것만으로도 어느 정도 안정된 생활이 가능하다. 그러나 그것만으로 충분하지는 못하다. 형식적으로 안정성을 갖춘 법이라도 내용상 자유와 평등에 위반되는 법은 통제되어야 한다. 따라서 법치국가원리의 이념은 민주주의와 마찬가지로 인간생활의 기초가 되는 자유와 평등의 실현을 그 내용으로 해야 한다. 우리 헌법은 인간의 존엄과 가치 및 이를 실현하는 권리들을 모든 국민에게 보장하고 있다.

2. 권력분립

권력을 남용하지 않고 공정하게 통치하기 위해 한 기관이 국가권력을 독점해서는 안 되고, 분립되어야 한다. 법을 제정하는 기관, 집행하는 기관, 재판하는 기관이 나뉘어야 한다. 절대적 권력이 있으면 그것이 남용되기 마련이고, 권력이 남용되면 항상 개인의 자유와 권리는 침해될 위험이 있기 때문이다. 권력분립의 원칙은 국가권력을 입법권, 행정권, 사법권으로 나누고, 상호견제와 통제를 통해 권력의 균형을 이루고, 개인의 자유와 권리를 보호하기 위한 원칙이다.

3. 헌법의 우위

법치를 법에 의한 통치라고 할 때 법치는 무엇보다 법의 우위를 전제로 한다. 법의 최고성이 인정되고 모든 국가권력이 법에 따르게 될 때 법치가 실현되는 것이다. 입법부가 제정한 법률은 행정부와 사법부는 따라야 하므로 법률의 우위라고 한다. 헌법은 최고법이기 때문에 행정부, 사법부는 물론 법률을 제정하는 입법부도 따라야 하는데 이를 헌법의 우위라고 한다. 헌법의 우위에 의하면 입법, 행정, 사법의 모든 국가권력의 행사는 헌법에 따라야 하며, 어떠한 국가행위도 헌법을 위반해서는 안 된다. 우리 헌법은 이러한 헌법의 구속력을 보장하기 위해 헌법재판제도를 채택하고 있다.

4. 법치행정의 보장

법치국가의 원리에는 법치행정의 보장에 있다. 법치행정이란 행정이 법률에 근거하여 법률에 규정된 절차에 따라 행해져야 한다는 의미로, 법률우위의 원칙과 법률유보의 원칙으로 구분된다. 오늘날 민주국가에 있어서 입법부가 제정한 법률이 가장 민주적인 정당성에 기초하고 있기 때문에, 법률은 행정행위에 비해 우선하고, 행정행위는 법률에 위반되어서는 안 된다. 이것을 법률우의의 원칙이라고 한다. 그리고 행정부는 법률에 근거해서만 행정행위를 할 수 있는 데, 이것을 법률유보의 원칙이라고 한다.

국민의 기본권과 관련된 중요한 사항들은 행정부가 법률의 근거 없이 마음대로 규율할 수 없고, 국민의 대표자인 입법자가 직접 결정하여 법률에 근거를 둘 것을 요구한다. 그런데 현대에 들어와 행정부의 업무가 엄청나게 증가하였고, 모든 행정행위에 대해 국회가 법률로 규정하는 것은 불가능하게 되어 많은 부분 행정부에 위임해야 할 필요성이 생겼다. 그러나 이 경우에도 포괄적으로 위임하는 것은 금지된다. 다시 말해 법률에 의하여 행정입법에 불가피하게 위임을 한 경우라 하더라도, 구체적인 범위를 정하지 않고 포괄적으로 행정입법에 위임을 하게 되면 행정부가 중요사항을 임의로 결정하는 것이 되기 때문에 이를 막기 위한 것이다.

5. 사법적 구제절차

법치국가의 이념에 따라 국가권력은 법에 따라야 하고 국민의 자유와 권리를 보호해야 하지만, 국가가 잘못하는 경우도 생길 수 있다. 국가가 국민의 자유와 권리를 침해해서 국민이 손해를 보고 억울한 경우가 생긴다. 이러한 경우, 법치국가라면 국민이 억울해 하지 않도록 법원이 이를 구제해 주는 '권리구제절차'가 있어야 한다.

6. 법적 안정성

법적 안정성은 법치국가원리의 본질적 요소이다. 법적 안정성을 보장하기 위해서 헌법은 신뢰보호원칙, 소급효금지원칙, 명확성원칙을 보장하고 있다.

7. 비례의 원칙

오늘날 법치국가 원리와 관련해서 국가가 과도하게 권력을 행사하면 안 되고 비례에 맞게 권력을 행사해야 한다는 요청이 널리 인정되고 있다. 이를 과잉금지의 원칙, 또는 비례의 원칙이라고 한다. 국가가 행위를 할 때 공익을 실현하는 정도에 맞는 수단을 사용해야 하며, 공익을 실현하는 정도를 넘는 과도한 수단을 사용해서는 안 된다는 헌법적 요청이다.

사회국가원리

사회국가는 프랑스혁명의 3대 이념(자유, 평등, 박애) 중 하나인 '박애정신의 실현'을 그 기초로 하고 있다. 시민혁명으로 절대군주제를 타파한 이후 시민의 자유와 평등은 곧바로 헌법적으로 구현되었다. 그러나 박애정신은 곧바로 헌법적으로 실현되지 못하고 있다가, 산업화가 되면서 자본주의의 모순점들을 개선하는 과정에서 뒤늦게 사회국가원리로 실현된 것이다. 우리 헌법은 사회국가원리를 명문으로 규정하고 있지 않지만, 사회국가 원리가 우리 헌법의 기본원리라는 점에는 이의가 없다.

사회국가의 개념에 대해서는 많은 논의가 있으나, 사회정의의 이념을 헌법에 수용한 국가라고 이해할 수 있다. 우리 헌법상 '사회국가'란 사회정의의 이념을 헌법에 수용한 국가로서, 사회현상에 대하여 방관적인 국가가 아니라 경제 · 사회 · 문화의 모든 영역에서 정의로운 사회질서의 형성을 위하여 사회현상에 관여하고 분배하고 조정하는 국가를 말하며, 궁극적으로는 국민 각자가 실제로 자유를 행사할 수 있는 그 실질적 여건을 마련해줄 의무가 있는 국가로 이해되고 있다.

우리 헌법은 제헌헌법 이래 현행헌법에 이르기 까지 사회국가 조항을 명문으로 규정하고 있지 않다. 그러나 헌법 전문, 사회적 기본권의 보장(헌법 제31조 내지 제36조), 경제에 관한 조항(헌법 제119조 제2항 이하) 등에서 사회국가원리를 수용하고 있다.

1. 사회국가 원리의 내용

프랑스혁명 이념인 자유, 평등, 박애 중 가장 뒤늦게 실현되기 시작한 박애정신은 또한 자유와 평등의 정신도 형식적인 것에서 실질적인 것으로 변화시켰다. 사회국가 원리의 내용은 사회적 안전, 사회적 평등, 사회적 자유 등 3가지를 들 수 있다.

(1) 사회적 안전

사회적 안전을 보장한다는 것은 실업, 질병, 노령, 생활무능력 등과 같은 위기나 긴급상황으로부터 개인을 보호하기 위해 필요한 제도를 마련하고 유지하는 것을 말한다. 또한 개인적인 조건이나 사회적인 상황으로 인해 생활에 지장이 있는 사람들에 대해 국가가 배려하고 도와주는 것을 말한다. 이러한 사회적 안전은 의료, 실업 및 연금보험, 조세경감, 국가유공자 보호 등과 같은 광범위한 사회적 급부를 통해 실현된다.

(2) 사회적 평등

사회국가 이념인 사회적 정의는 사회적 평등을 구현함으로써 비로소 실현될 수 있다. 사회국가원리에 의하면 국가는 모든 국민에게 가능한 평등하게 복지를 향상시켜 주어야 한다. 모든 국민 모든 계층에 게 평등하게 배분해 주어야 한다. 또한 사회국가 원리는 모든 국민이 적정수준의 경제적 · 문화적 생활수준을 보장할 것을 요청한다. 다만 구체적으로 어느 수준까지 보장할 수 있는지는 국가의 재정능력을 고려해서 결정할 수밖에 없을 것이다. 헌법상 평등은 절대적 평등이 아니라 상대적 평등이기 때문에 개인의 능력에 따라 사회적 급부와 사회적 부담을 차등화 할 수 있다. 특히 사회적 약자를 보호하고 소득 재분배를 통해 사회적 불평등을 해소해야 한다.

(3) 사회적 자유

사회국가 원리는 형식적 자유가 아니라 실질적 자유의 보장을 요청한다. 집이나 재산이 없는 사람에게 주거의 자유, 재산권 보장 등과 같은 자유는 아무 소용이 없다. 즉 이 자유를 실현할 수 있는 사실상의 가능성이 없다면, 이 자유는 가치가 없는 것이다. 따라서 자유를 실현할 수 있는 여건, 즉 자유의 여건을 마련해 주는 것이 우선적으로 중요하다. 다시 말하면 사회적 기본권을 보장함으로써 이들에게는 자유의 조건을 마련해 주는 것이 중요하다.

2. 사회적 기본권과 경제에 관한 규제와 조정

현대 헌법이 사회국가원리를 규정하고 있는 것은 사회적 기본권과 경제에 관한 규제와 조정에 있다. 우리 헌법상 사회적 기본권은 교육권(제31조), 근로의 권리(제32조), 근로3권(제33조), 인간다운 생활을 할 권리(제34조), 환경권(제35조), 사회적 약자(여자, 연소자)의 근로를 특별히 보호(제32조), 사회적 약자(여자, 노인과 청소년, 신체장애자, 생활능력이 없는 국민)의 복지를 특별히 보호(제34조) 등을 들 수 있다. 또한 우리 헌법은 제119조 제2항에서 "국가는 균형있는 국민경제의 성장 및 안정과 적정한 소득의 분배를 유지하고, 시장의 지배와 경제력의 남용을 방지하며, 경제주체간의 조화를 통한 경제의 민주화를 위하여 경제에 관한 규제와 조정을 할 수 있다." 고 하여, 자본주의적 자유시장 경제질서의 단점을 시정하기 위하여 경제에 대해 규제와 조정을 가하고 있다.

03 민주공화국과 국민주권

민주공화국

민주공화국이 헌법으로 성문화된 것은 1776년 미국의 독립선언을 거쳐 1787년 미국의 연방헌법에서이다. 이후 1789년 프랑스혁명, 1793년과 1848년의 프랑스헌법 등에서도 성문화되었다. 공화국은 주권자의 주체가 누구인가에 의하여 귀족적 공화국과 민주적 공화국 등으로 나눌 수 있다. 귀족적 공화국의 일정한 요건을 갖춘 귀족이 의회를 구성할 수 있는 투표권자가 되며, 민주적 공화국은 국민이 의회를 구성할 수 있는 투표권자가 된다. 오늘날 공화국이라고 함은 민주적 공화국, 즉 민주공화국을 의미한다.

우리나라는 국권을 잃은 당시 대한제국을 다시 살리는 것보다는 주권자인 국민에게 주권을 회복하게 하는 민주공화국을 세우겠다는 의지를 임시정부에서부터 밝혔고, 제헌헌법 제1조 제1항에서도 "대한민국은 민주공화국이다."라고 규정하여 현행헌법에 이르기까지 한국은 민주공화국임을 명시하고 있다. 즉 민주공화국은 1919년 4월 11일 제정된 임정 헌법인 대한민국 임시헌장 제1조에서 "대한민국은 민주공화제로 함"이라고 명기하였고, 1948년 제헌헌법부터 현행 헌법까지 변하지 않는 헌법의 기본원리이다.

대한민국의 함의

대한민국이라는 우리나라의 이름은 1919년 3·1운동 후 상해임시정부에서 처음으로 사용되었다. 그것은 대한제국(大韓帝國)이라는 국호 중에서 대한(大韓)을 이어받아 우리의 민족적 동일성이 계속됨을 선언하는 의미와 다른 한편으로는 대한민국(大韓民國)으로 왕이 통치하는 시대가 끝나고 이제 국민이 주인인 시대가 시작되었음을 밝히는 의미이기도 하다. 비록 일본의 강점으로 망명정부에서 시작할 수밖에 없었지만, 대한민국 임시정부의 수립이라는 역사적 순간에 당시 임시의정원 의장이었던 이동녕은 "동지 여러분, 지금부터 우리나라는 고종·순종이 최고 지도자였던 대한제국에서 우리 같은 국민이 주인이 되는 대한민국이 탄생하는 엄숙한 순간입니다. 그러니까 우리는 이제 제국의 신민이 아니고 민주공화국의 자유국민이 되는 것입니다. 나라의 주인은 제왕이 아니고 당당히 우리 국민입니다."라고 하였다.

대한민국 임시정부 헌법과 광복 후 만들어진 우리 헌법은 변함없이 민주공화국임을 명문으로 밝히고 있다. 민주공화국이라는 헌법규정은 우리 헌법이 민주주의 원리를 채택하고 있음을 명확히 보여주는 것이다. 대한민국은 민주공화국임을 함의한다.

국민주권의 원리

주권(sovereignty)이란 말은, 17세기 말 프랑스에서 모든 영주를 복종시켜 나라 전체의 지배권을 장악한 국왕의 절대권력을 총체적으로 파악하는 관념에서 생겨났다. 그리고 일반적으로 근세의 절대군주가 갖는, 대외적으로는 초국가적 권력인 교회에 대해 왕권의 독립성을, 또 대내적으로는 제후에 대해 그 우위성을 요소로 하는 정치권력을 의미했다. 이와 같이 주권은 군주의 절대권력의 성질을 나타내는 용어로서 근세에 나타났지만, 오늘날 민주공화국에서의 주권의 의미는 국민주권을 의미한다. 즉 국민주권은 군주주권에 대립하는 관념이다.

시민혁명에 의해 근대국가가 출발했을 때, 주권은 군주로부터 시민의 손으로 옮겨졌다. 정치권력의 주체로 된 시민들은 국민이 전부라고 생각했다. 그 후 국민주권은 근대 시민국가의 근간이 되고 있다. 군주주권이라는 경우에는 군주가 주권의 담당자이지만, 국민주권이라는 경우는 국민의 주권자임을 의미한다. 국민이 주권자이므로 민주공화국은 권력의 기초로서 국민주권의 원리가 작동하고, 정치적 이데올로기로서 자유민주주의, 권력구조면에서 권력분립주의를 근본원리로 한다. 민주공화국은 그 권력구조에 따라 단일공화국과 연방공화국으로 구별되며, 또한 정부형태에 따라 대통령제 · 의원내각제 · 의회정부제 국가 등으로 구별된다. 우리나라는 대통령제 정부형태의 단일공화국에 속한다.

04 국제질서와 인권 및 국제평화주의

국제질서와 인권

근대 산업혁명과 과학기술의 발전으로 유럽의 생산력은 이전과는 비교할 수 없이 급성장하면서, 산업에 필요한 자원을 얻고 생산된 상품을 판매할 식민지가 필요하게 되어 유럽 각국은 식민지 쟁탈전에 열을 올렸고, 이는 양차 세계 대전의 원인이 되었다. 특히 제2차 세계대전을 거치면서 대량살상의 비극으로 국제평화주의가 요청되었고, 인권존중과 국제평화 사이의 깊은 관계를 고려하여 국제연합헌장의 취지에 따라 보호해야 할 인권을 구체적으로 규정할 것을 목적으로 하여 1948년 세계인권선언이 채택되었다.

세계인권선언은 전문(前文)과 본문 30개조로 되어 있는데, 그 중 제21조까지는 시민적 · 정치적 성질의 자유, 즉 자유권적 기본권에 관한 규정을 두고 있다. 경제적 · 사회적 · 문화적 자유, 즉 생존권적 기본권에 관해서도 규정을 두게 되었으며, 사회보장에 대한 권리, 노동권과 공정한 보수를 받을 권리 및 노동자의 단결권 등에 관하여 상세한 구체적 규정을 마련하였다.

이후 1966년 법적 구속력을 갖는 조약으로 국제인권규약을 규정하였다. 이러한 세계인권선언과 국제인권규약을 총칭하여 국제인권장전이라고 일컫는다. 국제인권장전의 채택은 국제평화주의를 통한 인권의 보장의 시대를 의미하는 중요한 계기를 마련하였다.

국제평화주의

국제평화주의는 양차세계대전이후 현대헌법의 기본원리의 하나가 되었다. 일본헌법은 전문에서 "정부의 행위에 의해 두 번 다시 전쟁의 참화가 일어나지 않도록 할 것을 결의하고, … 항구적인 평화를 염원 … 제국민의 공정과 신의에 신뢰하고, 우리의 안전과 생존을 보장 하도록 결의했다."고 규정한다. 그 구체화를 위해 제9조 제1항에서는 '전쟁의 포기'를 제2항에서는 '무장의 포기'를 규정하였다.

1949년 독일 기본법, 1955년 오스트리아 헌법 등 각국의 헌법도 국제평화주의를 채택하여 침략전쟁을 전면적으로 부인하고 있다. 적극적인 침략이나 공격을 금지하고, 소극적 자위나 방어를 위한 전쟁만을 인정한다. 과거 양차세계대전의 비참한 경험과 반성의 엄숙한 선언에 해당한다. 만일 국제분쟁이 생겼을 때에는 그 해결 수단으로서 전쟁, 무력위하, 무력행사를 취할 것이 아니라 별도의 방법, 예컨대, 국제사법재판소에의 제소 등으로 해결한다. 요컨대 현대 입헌주의 헌법은 국제평화주의를 채택하고 있다.

우리 헌법도 전문에서 "…항구적인 세계평화와 인류공영에 이바지함으로써 우리들과 우리들의 자손의 안전과 자유와 행복을 영원히 확보할 것을 다짐"하며, 제5조 제1항에서 "대한민국은 국제평화의 유지에 노력하고 침략적 전쟁을 부인한다."고 하여 국제평화주의를 밝히고 있다. 국제평화주의에 대한 이러한 규정은 정치적 프로그램이 아니라 국민주권주의, 기본적 보장에 대한 중요한 의미를 갖는 법규범임을 의미한다.

PART

02

기본권

05 기본권총론 06 인간의 존엄과 가치와 행복추구권 07 평등권
08 신체의 자유 09 주거의 자유 및 거주 · 이전의 자유
10 사생활의 비밀과 자유 11 통신의 자유 12 양심의 자유 13 종교의 자유
14 학문 · 예술의 자유 15 언론 · 출판 · 집회 · 결사의 자유
16 재산권, 경제생활, 직업선택의 자유 17 선거권, 공무담임권, 청원권
18 재판을 받을 권리(재판청구권) 19 교육, 근로, 혼인과 가족생활
20 환경에 관한 권리 21 국민의 의무

05 기본권총론

인권보장의 전개

인권보장의 전개는 영국의 마그나 카르타(1215), 권리청원(1628), 인신보호령(1679), 권리장전(1689), 미국의 1776년 6월 버지니아권리장전과 1776년 7월 미국독립선언, 1787년에 제정된 미국연방헌법, 프랑스의 시민혁명의 결과로 나타난 1789년 인간과 시민의 권리선언, 1791년 9월의 프랑스 헌법과 그 이후의 유럽 각국 헌법 순으로 이루어졌다. 영국의 권리장전에서의 인권보장은 기존의 자유와 권리를 재확인하고 절차적 보장에 역점을 두었으나 천부적 인권의 불가침을 선언하는 것은 아니었다. 그러나 미국에서의 인권보장은 천부적 인권의 불가침을 선언한 것이고, 외국헌법에 크게 영향을 미쳤다. 프랑스 역시 인권의 불가침성과 불가양성을 강조하였고, 오랫동안 절대군주의 지배하에 있어서 권력분립을 특히 강조하였다. 독일은 1949년 제정된 Bonn 기본법에서 인간의 존엄성 보장을 위한 장치로서 자유권과 사회권에 관한 규정을 두었다. 제2차 세계대전 후 인권의 국제적 보편화 경향에 따라 국제연합은 1948년에 세계인권선언을, 1966년에는 국제인권규약을 채택하였다. 국제인권규약은 세계인권선언과는 달리 비준 국가의 이행에 관한 보고서 제출의무를 규정하였다.

인권과 기본권

인권은 인간이 인간다운 건강하게 평화로운 생활을 하는데 필요 불가결한 근본적인 권리를 의미한다. 좁은 의미에서 인권은 태어나면서부터 인정된 불가양의 인간의 권리를 의미한다. 인권의 사상은 개인주의에 기초를 두는 자연법사상의 소산이며, 근대 시민계급이 봉건적 지배체제를 타도할 때의 근본 관념이다. 인간의 고유한 권리를 의미했지만, 근대 자본주의 사회의 발전은 인권에서 시민적, 자유권적 기본권에서 나아가 사회권적 기본권의 관념을 만들어 내기에 이르렀다.

인권이 타고난 고유의 '인간의 권리'라면, 기본권은 헌법에 의해 보장된 '국민의 권리'이다. 즉 기본권의 주체는 국민이다. 인권은 인간이 인간답게 살아가기 위해 필요한 기본적인 권리이므로 넓은 의미에서는 인권을 기본권으로 보는 견해도 있다. 그러나 외국인은 인권은 있으나 국민이 아니므로 헌법이 보장하는 국민의 권리인 기본권은 인정되지 않는다. 이러한 점에서 인권과 기본권은 구분하여야 한다. 따라서 법인은 헌법에 의하여 기본권이 인정될 수 있으나 자연인이 아니므로 인권은 인정될 수 없다.

상대적 기본권

기본권은 인간이 건강하고 행복하게 생활해 나가는데 불가결한 권리이다. 그러나 절대적 기본권은 아니다. 이를테면 표현의 자유는 사람의 사회생활에 있어서 가장 중요한 기본권이지만, 프라이버시를 침해하는 언론, 혹은 음악관에서 연주 중 정숙을 저해하는 것과 같은 행위 등은 인정될 수 없다. 그래서 헌법은 국민의 기본권을 보장하지만, 국민에게 보장하는 자유 및 권리는 남용하여서는 아니 되며, 다른 국민의 생명, 자유 및 행복추구 등에 관한 기본권에 관해서는 상호 최대한으로 존중할 필요가 있다.

우리 헌법도 제10조에서 "모든 국민은 인간으로서의 존엄과 가치를 가지며, 행복을 추구할 권리를 가진다. 국가는 개인이 가지는 불가침의 기본적 인권을 확인하고 이를 보장할 의무를 진다." 제11조 제1항에서 "모든 국민은 법 앞에 평등하다. 누구든지 성별 · 종교 또는 사회적 신분에 의하여 정치적 · 경제적 · 사회적 · 문화적 생활의 모든 영역에 있어서 차별을 받지 아니한다."고 하여 자유와 권리를 보장하는 규정을 열거하고 있으며, 또한 제37조 제1항에서 "국민의 자유와 권리는 헌법에 열거되지 아니한 이유로 경시되지 아니한다."고 규정하지만, 동조 제2항에서 "국민의 모든 자유와 권리는 국가안전보장 · 질서유지 또는 공공복리를 위하여 필요한 경우에 한하여 법률로써 제한할 수 있으며, 제한하는 경우에도 자유와 권리의 본질적인 내용을 침해할 수 없다."고 규정한다.

06 인간의 존엄과 가치와 행복추구권

인간의 존엄

우리 헌법 제10조에서는 "모든 국민은 인간으로서의 존엄과 가치를 가지며, 행복을 추구할 권리를 가진다. 국가는 개인이 가지는 불가침의 기본적 인권을 확인하고 이를 보장할 의무를 진다."고 규정한다. 이것은 모든 인간을 그 자체로서 목적으로 삼고 존중할 것을 요구하는 것이고, 단순한 수단으로 삼는 것을 금지하는 것이다. 이러한 인간의 존엄은 최고의 헌법적 가치이자 헌법을 구성하는 최고의 원리이다.

행복추구권

행복추구권은 적극적으로 국가에 청구할 수 있는 기본권은 아니다. 다만 국민이 국가권력의 간섭 없이 행복추구활동을 할 수 있는 자유를 보장하는 것이다. 행복추구권은 포괄적인 성격의 자유권으로서 헌법재판소는 행복추구권으로부터 다양한 기본권을 도출하여 보장하고 있다. 일반적인 행동자유권이나 개성의 자유로운 발현권, 소비자의 자기결정권, 자유로운 문화향유권이나 휴식권 등이 행복추구권의 구체적인 표현으로 인정되고 있다.

자기결정권

가지결정권이란 자기의 인격형성·발현, 자기 자신에 관한 사항을 자율적으로 결정할 수 있는 권리 즉 인격적 자율권을 말한다. 우리 헌법 제10조에는 성적 자기결정권, 개인정보 자기결정권 등 자기결정권이 전제되어 있다. 성적 자기결정권이란 성행위 여부 및 성행위의 상대방을 결정할 수 있는 자기결정권을 말하며, 개인정보 자기결정권이란 자신에 관한 정보를 언제 누구에게 어느 범위까지 공개하고 이용되도록 할 것인지 여부를 결정하는 권리 즉 정보주체가 개인정보의 공개와 이용에 관하여 스스로 결정할 권리를 말한다. 성적 자기결정권과 개인정보자기결정권은 인격적 자율권으로서 헌법상 보장되는 기본권이다. 그러나 이러한 자기결정권은 공공복리 등 공익을 위해서 제한될 수 있다.

⊙ **헌법재판소 판례**

(1) 정부가 위안부피해를 방치해도 되는가?

위안부 피해의 외교적 방치(헌재 2011.8.30. 2006헌마788)(위헌)

A 할머니는 일제강점기에 일본에 의하여 강제로 동원되어 성적 학대를 받으며 위안부 생활을 강요당한 일본군위안부 피해자이다. 할머니는 일본과 미국에서 일본을 상대로 손해배상청구소송을 제기하였다. 이 소송에서 일본은 우리나라와 일본이 1965년 6월 22일 체결한 한일협정에 의하여 위안부 할머니의 배상청구권은 소멸되었다고 주장하면서 배상을 거부하였다. 우리 정부는 일본군위안부 문제와 같은 반인도적인 불법행위는 한일협정에 의해 해결되지 않았다는 입장을 표명하였다.

> 대한민국과 일본국 간의 재산 및 청구권에 관한 문제의 해결과 경제협력에 관한 협정(1965.6.22.체결, 1965.12.18.발효) 제3조
> 1. 본 협정의 해석 및 실시에 관한 양 체약국 간의 분쟁은 우선 외교상의 경로를 통하여 해결한다.
> 2. … 중재위원회에 결정을 위하여 회부한다 …

위의 협정에서 볼 수 있듯이 한일 양국 간의 분쟁은 외교상의 경로를 통해 해결하고, 불가능한 경우 중재위원회에 회부해야함에도 불구하고, 대한민국 정부가 배상청구권에 관한 협정해석상 분쟁을 해결해 달라는 위안부피해자 할머니들의 요구에 대해서 어떠한 조치도 취하지 않은 것은 위안부피해자의 기본권을 침해하는 것인가?

일본군위안부 피해자가 일본정부에 대하여 가지는 배상청구권이 한일협정에 의해 소멸되었는지 여부에 관해서는 한・일 양국 간 해석상 분쟁이 있다.

일본은 우리 국민이 일본에 대하여 갖는 모든 배상청구권이 한일협정에 의해 해결되었다고 보는 입장인 반면, 우리 정부는 일본군 위안부 문제와 같은 반인도적인 불법행위와 같은 반인도적인 불법행위는 한일협정에 의해 해결되었다고 볼 수 없다는 입장이기 때문이다.

이처럼 한일협정의 해석에 관한 분쟁이 발생한 이상, 한일 양국은 한일협정에 규정된 분쟁해결절차에 따라 우선 외교상의 경로를 통해 분쟁을 해결하고, 이로써 해결할 수 없으면 중재위원회에 회부해야 한다. 그럼에도 대한민국 정부는 분쟁해결절차를 밟지 않았다. 일본에 의하여 행해진 반인도적 범죄행위에 대하여 일본군위안부 피해자들이 갖는 배상청구권을 실현한 것은, 무자비하고 지속적으로 침해된 인간으로서의 존엄과 가치 및 신체의 자유를 사후적으로 회복한다는 의미를 갖는다. 그런데 일본군 위안부 피해자는 모두 고령으로 더 이상 시간을 지체할 경우, 일본군위안부 피해자는 배상청구권을 행사할 수 없게 된다. 그렇게 되면 일본군위안부 피해자의 배상청구권을 실현함으로써 역사적 정의를 바로 세우고, 침해된 인간의 존엄과 가치를 회복하는 것은 영원히 불가능해질 수 있다. 이와 같이 침해되는 기본권이 중대하고, 그 구제가 절박한 상황에서 대한민국 정부는 위안부피해 문제에 대하여 한일협정에 규정된 분쟁해결절차로 나아갈 의무가 있음에도 불구하고 아무런 조치를 취하지 않았다. 이러한 대한민국 정부의 부작위는 위안부할머니의 인간의 존엄과 가치를 침해한다 하여 위헌이라고 판시하였다.

(2) 비좁은 구치소에 수용하는 것은 기본권을 침해하는 것인가?

비좁은 구치소 수용(헌재 2016.12.29. 2013헌마142)(위헌)

A는 노동조합이 주최하는 집회에 참가하였다가 업무방해죄 등으로 벌금형을 받았다. 그러나 A는 벌금납부를 거부하였고, 노역장 유치명령을 받아서 구치소에 수용되었다. A가 수용된 방은 8.96m(2.7평) 크기였고, 그 방에는 6명이

수용되었다. 평균적인 신장의 수용자인 A는 구치소에 수용되어 있는 10일 동안 다른 수용자들과 부딪치지 않기 위해 옆으로 누워 잘 수밖에 없었다. A는 똑바로 누워 자기도 어려운 비좁은 구치소에 갇혀 있으라고 하는 것은 수용자를 인간취급도 안 하는 것이라고 주장한다.

헌법 제10조에서 규정한 인간의 존엄과 가치는 국가가 형벌권을 행사함에 있어 사람을 국가행위의 단순한 객체로 취급하거나 비인간적이고 잔혹한 형벌을 부과하는 것을 금지한다. 또한 형벌을 집행할 때 인간생존의 기본조건이 박탈된 시설에 사람을 수용하는 것도 금지하고 있다. 만약 교정시설의 1인당 수용면적이 수용자의 인간으로서의 기본요건에 생활조건에 지나치게 협소하다면 그 자체로 국가형벌권의 행사한계를 넘어 수용자의 인간의 존엄과 가치를 침해하게 된다.

이 사건의 경우 성인남성 A가 수용된 방에서 한사람이 실제로 사용가능한 면적은 1.06m였다. 이 정도 면적은 성인남성이 팔 다리를 마음껏 뻗기 어렵고, 다른 수용자들과 부딪히지 않으려면 옆으로 누워 칼잠을 자야할 정도로 매우 협소한 것이다. A가 비록 단기간 구치소에 수용되어 있었다고 하더라도 구치소 생활 중 신체적 · 정신적 건강의 악화를 비롯해 인격체로서의 기본 활동에 필요한 조건을 박탈당하는 등 극심한 고통을 경험하였을 가능성이 크다. 따라서 인간으로서의 최소한의 품위를 유지할 수 없을 정도로 비좁은 공간에 A를 수용한 것은 인간의 존엄과 가치를 침해한다.

(3) 아동 성폭력범의 신상정보는 공개해도 되나?

아동 성폭력범의 신상정보공개(헌재 2013.10.24. 2011헌바106등)(합헌)

실직상태인 A는 부모님과 함께 거주하고 있다. A는 어느 날 동네에 사는 13세 미만의 소녀와 성관계를 맺게 되었는데, 우리 형법은 미성년자를 특별히 보호하기 위해 13세 미만의 미성년자와 성관계를 맺는 경우 사전 동의를 얻었거나 속임수 또는 폭력을 사용하지 않았더라도 형사 처벌할 수 있도록 미성년자 의제강간죄를 규정하고 있다. A는 미성년자 의제강간죄로 기소되었고, 법원은 A에게 징역 3년과 함께 5년간 신상정보를 공개하도록 하였다. A는 징역 3년의 형벌은 달게 받겠지만, 신상정보공개는 성범죄자로 낙인찍혀 사회생활이 어렵고, 함께 사는 가족까지 피해를 입어 너무하다고 하소연하고 있다. 그렇다면 신상정보 공개조항은 헌법에 위반되는 것일까?

구 청소년성보호법 상 법원의 신상정보 공개명령 제도는 아동, 청소년을 대상으로 성폭력범죄로 인해 징역형을 선고받은 자에 대하여는 성명, 나이, 주소, 사진 등 신상정보와 성범죄 요지를 정보통신망에 공개하도록 명령을 선고해야 한다. 이러한 신상정보 공개제도는 본인의 동의 없이 신상정보를 대중에게 공개하도록 한 것이므로 성폭력범죄자의 개인정보 자기결정권을 제한한다. 그러나 성폭력범죄자의 신상정보 공개는 아동 · 청소년의 성을 보호하고 사회방위를 도모하기 위한 것으로서 공개의 대상자 · 정보 · 기간이 제한적이다. 신상정보공개로 인한 피해를 최소화하기 위하여 예컨대 주소 및 실제거주지의 경우 읍 · 면 · 동까지만 공개하고 있다. 또한 법관이 특별한 사정을 고려하여 공개 여부를 결정하도록 하고 있고, 업무상 취득한 신상정보를 누설한 사람을 처벌하고 있다. 따라서 법원의 신상정보 공개명령의 근거가 되는 법률조항은 A의 개인정보 자기결정권을 침해하지 않으므로 헌법에 위반되지 않는다.

(4) 유출된 주민등록번호 평생 못 바꾸나?

주민등록번호 변경불가(헌재 2015.12.23. 2013헌바68등)(헌법불합치)

A는 인터넷 포털사이트가 해킹되어 개인정보가 다량으로 유출되었다는 뉴

스를 듣고 해당 인터넷 포털사이트에 확인을 해보았다. 그 결과 자신의 개인정보도 유출된 사실을 알게 되었다. 자신의 개인정보가 불법적으로 사용되어 피해를 입지 않을까 걱정이 된 A는 구청에 가서 주민등록번호를 변경해 줄 것을 신청하였으나 구청으로부터 거부통지를 받았다. 구청에서 A의 주민등록 변경신청을 거부한 이유는 개인정보가 불법 유출되어도 주민등록번호를 변경할 수 있는 절차를 규정하지 않은 주민등록법 조항 때문이었다.

A는 주민등록번호처럼 중요한 개인정보가 유출돼서 불법적으로 사용될 수 있는 위험에 노출되었는데, 이를 변경하지 못하도록 하는 것은 개인에게 그 위험을 고스란히 감수하라는 것이라고 주장한다. 그렇다면 개인정보가 불법 유출돼도 주민등록번호를 변경할 수 없도록 한 주민등록법 조항은 헌법에 위반되는 것이 아닐까?

주민등록번호는 행정청이 모든 국민에게 부여하는 고유한 번호로서 개인정보에 해당한다. 그런데 이 사건에 적용된 주민등록법 조항은 국가가 주민등록번호를 부여·관리·이용하도록 하면서 그 변경에 관한 규정을 두지 않음으로써 주민등록번호의 불법유출로 인해 주민등록번호를 변경하고자 하는 사람의 개인정보 자기결정권을 제한하고 있다. 주민등록번호는 한 사람의 개인정보를 통합하는 역할을 하고 있기 때문에 주민등록번호가 불법 유출되거나 오·남용될 경우 개인의 사생활뿐만 아니라 생명·신체·재산까지 침해될 여지가 크다. 그럼에도 불구하고 주민등록번호의 변경을 일체 허용하지 않는 것은 그 자체로 개인정보 자기결정권에 대한 과도한 침해가 될 수 있다. 비록 국가가 개인정보보호법 등 정보보호조치를 취하고 있더라도 이미 유출되어 발생한 피해는 해결하지 못하므로 국민의 개인정보를 충분히 보호하고 있다고 보기 어렵다. 또한 주민등록번호의 변경을 허용하더라도 주민등록번호 변경절차를 악용하려는 시도는 객관성과 공정성 있는 심사를 통해서 차단할 수 있다. 이와 같이 하면 주민등록번호의 변경을 허용해도 사회적으로 큰 혼란을 불러일으키지 않을 것이다. 따라서 주민등록번호의 변경에 관한 규정을 두고 있지 않은 주민등록법 조항은 개인정보자기결정권을 침해하여 헌법에 위반된다.

(5) 형제자매는 본인의 동의 없이도 증명서를 뗄 수 있나?

형제자매의 증명서 발급(헌재 2015.3.31. 2015헌마924)(위헌)

A에게는 아버지가 다른 형제 B가 있다. A는 어머니가 돌아가신 후 평소 왕래가 없었던 B와 만나 유산상속문제를 논의하게 되었는데, B가 자신의 가족관계와 가족의 주민등록번호까지 모두 알고 있다는 사실에 놀랐다. B는 A모르게 A의 가족관계증명서와 혼인관계증명서를 관청에서 발급받아서 보았던 것이다.

형제자매는 본인의 동의 없이도 본인의 증명서를 발급받을 수 있도록 한 법률조항 때문에 B는 A의 동의 없이 증명서를 발급받을 수 있었던 것이다. A는 아무리 형제자매라도 본인의 동의 없이 개인정보가 담긴 증명서를 발급받을 수 있도록 하면 개인정보를 오·남용할 수 있기 때문에 위험하다고 생각한다. 특히 형제자매 간에 상속문제로 분쟁이 있는 경우에는 그러한 위험이 더욱 크다고 생각한다. 그렇다면 이러한 증명서 발급조항은 A의 기본권을 침해하는 것일까?

형제자매는 가족관계의 등록 등에 관한 법률에 규정된 각종 증명서를 본인의 동의 없이 발급받을 수 있다. 각종 증명서에는 출생, 인지, 입양, 파양, 혼인, 이혼, 사망 등 개인정보가 수록되어 있는데, 이러한 증명서 발급 조항은 정보 주체의 개인정보 자기결정권을 제한한다. 가족관계의 등록 등에 관한 법률에 규정된 각종 증명서에는 단순한 개인정보뿐만 아니라 민감한 정보까지 포함되어 있는데, 이러한 개인정보가 유출되어 오·남용될 경우 이는 매우 큰 타격을 입게 된다. 따라서 증명서 발급신청이 가능한 사람의 범위는 가능한 축소하여야 하고 이는 가족의 경우도 마찬가지 이다. 특히 형제자매의 유대나 신뢰관계는 부부나 부모자식의 관계보다 약할 수 있다. 또한 상속문제로 대립하게 되면 서로 이익이 충돌하는 입장이 될 수도 있다. 만약 본인이 스스로 증명서를 발급받기 어려운 경우 인터넷이나 위임을 통해 각종 증명서를 발급받을 수 있기 때문에 반드시 형제자매를 통해 증명서를 발급받을 필요가 없다. 따라서 본인의 동의 없이 형제자매가 증명서를 발급받을 수 있도록 한 법률조항은 A의 개인정보 자기결정권을 침해하여 위헌이다.

(6) 성을 사고파는 사람은 모두 처벌받나?

성매매 처벌(헌재 2016.3.31. 2013헌가2)(합헌)

A는 성매매로 생계를 유지하는 여성이다. 경찰의 성매매 단속에 걸린 A는 돈을 받고 성매매 행위를 했다는 범죄사실로 기소되어 형사재판을 받게 되었다. 재판과정에서 A는 자발적인 성매매는 타인에게 피해를 주는 것도 아닌데 처벌하는 것은 부당하다고 생각했다. 또한 처벌을 한다고 해도 성매매를 통해서 착취되는 것은 여성이기 때문에 남성만 처벌하고 여성은 처벌하면 안 된다고 생각했다. 그렇다면 A에게 적용된 성매매 처벌조항은 헌법에 위반되는 것일까?

성적 자기결정권은 성행위 여부 및 그 상대방을 결정할 수 있는 자유를 말한다. 경제적 대가를 받고 성행위 여부를 결정하는 성매매를 처벌하는 것은 성매매 당사자의 성적 자기결정권을 제한하는 것이다. 개인의 성행위 자체는 사생활의 내밀한 영역에 속하고, 성적 자기결정의 대상이지만 그것이 외부에 표출되어 사회의 건전한 성풍속을 해칠 때는 법률의 규제가 가능하다. 성매매는 경제적 약자인 성판매자의 신체와 인격을 착취하는 것으로 대등하고 자유로운 거래로 볼 수 없다. 또한 성매매는 성을 상품화하고, 성범죄가 발생하기 쉬운 환경을 만드는 등 사회 전반의 건전한 성풍속과 성도덕을 무너뜨린다. 따라서 성매매를 처벌함으로써 건전한 성풍속 및 성도덕을 확립할 필요성이 있다.

한편 성매매를 근절하기 위해서는 성구매자뿐만 아니라 성판매자도 형사처벌할 필요가 있고, 이것을 과도한 형벌권의 행사로 볼 수 없다. 또한 성판매자를 형사처벌할 때 성매매 여성의 기본적 생활보장과 인권침해에 관한 문제가 발생할 수 있다. 그러나 이 문제는 성을 판매하지 않고도 얼마든지 살아갈 수 있도록 국가와 사회가 보다 많은 투자를 하고 우리 사회의 문화적 구조와 의식을 변화시킴으로써 해결해야 한다. 성매매 처벌조항은 성적 자기결정권을 침해하지 않아 헌법에 위반되지 않는다.

07 평등권

우리 헌법 제11조 제1항에서는 "모든 국민은 법 앞에 평등하다. …누구든지 성별·종교 또는 사회적 신분에 의하여 정치적·경제적·사회적·문화적 생활의 모든 영역에 있어서 차별을 받지 아니한다."고 규정하고 있다. 평등은 "같은 것은 같게, 다른 것은 다르게" 취급하는 것을 말한다. 그래서 본질적으로 같은 것을 마음대로 다르게 취급하거나, 본질적으로 다른 것을 마음대로 같게 취급하는 것은 금지된다. 법 앞의 평등하다는 것은 법의 적용에서 뿐만 아니라, 법을 만들 때, 그 내용 역시 평등원칙에 부합해야 한다는 것이다.

법 앞의 평등은 아무런 조건 없이 모든 사람에게 같은 대우를 하라는 절대적 평등을 의미하는 것은 아니다. 법을 만들고 적용하는 목적과 취지에 따라서 사람을 서로 다르게 대우하는 것은 합리적일 수 있기 때문이다. 법 앞의 평등은 이와 같이 합리적 근거 없는 차별을 하여서는 안 된다는 상대적 평등을 뜻한다. 즉 어떤 영역에서 국가가 국민의 자유와 권리를 일정 정도 제한하거나 또는 국민에게 어떤 혜택을 줄 때, 서로 다른 집단 사이에 차별이 있다면 이러한 차별에는 합리적인 근거가 있어야 하고 국가기관의 자의에 따른 것이어서는 안 된다.

헌법 제11조 제1항은 일반적 평등원칙을 규정하고 있다. 제2항에서는 사회적 특수계급의 제도를 부정하며, 제3항에서는 훈장 등의 영전은 이를 받은 자에게만 효력이 있고, 어떠한 특권도 이에 따르지 아니한다고 규정하고 있다. 헌법 제31조 제1항에서는 모든 국민은 능력에 따라 균등하게 교육을 받을 권리를 가진다고 규정하고 있다. 헌법 제32조 제4항에서는 여자의 근로는 특별한 보호를 받으며, 고용 · 임금 및 근로조건에 있어서 부당한 차별을 받지 아니한다고 규정하고 있다. 헌법 제36조 제 1항에서는 혼인과 가족생활은 개인의 존엄과 양성의 평등을 기초로 성립되고 유지되어야 하며, 국가는 이를 보장한다고 규정하고 있다. 제41조 제1항에서는 "국회는 국민의 보통 · 평등 · 직접 · 비밀선거에 의하여 선출된 국회의원으로 구성한다." 제67조 제1항에서는 "대통령은 국민의 보통 · 평등 · 직접 · 비밀선거에 의하여 선출한다." 헌법 제116조 제1항에서는 "선거운동은 각급 선거관리위원회의 관리 하에 법률이 정하는 범위 안에서 하되, 균등한 기회가 보장되어야 한다."고 규정하고 있다.

⊙ 헌법재판소 판례

(1) 아버지 같지 않은 아버지를 죽인 사람, 무겁게 처벌해야 하나?

존속살해의 가중처벌(헌재 2013.7.25. 2011헌바267)(합헌)

A는 아버지가 자주 술에 취하여 어머니를 폭행해 온 것에 대하여 불만을 갖고 있었다. 어느 날 또 어머니를 폭행하는 아버지를 말리다 몸싸움을 하게 되었고, 몇 번 반복되다가, 어느 날에는 너무 화가 나서 급기야 아버지를 살해하

고 말았다. A는 존속살인죄로 기소되어 1심에서 징역 10년, 항소심에서 징역 7년을 선고받았다. 이러한 존속살해 처벌조항은 평등원칙에 반하여 헌법에 위반되는 것일까?

형법 조항은 어떤 범죄에 대해서 어떤 종류의 형벌을 어느 정도로 부과할지의 문제를 규정한다. 형법은 죄질이 얼마나 나쁜지, 처벌로서 보호하려는 이익이 무엇인지, 그리고 우리의 역사와 문화, 국민 일반의 가치관 등 여러 요소를 종합적으로 고려하여 정할 사항이다. 존속살해는 오래 전부터 사회질서와 도덕, 그리고 인륜을 저버린 행동으로 받아들여졌다. 존속살해는 그 패륜성에 비추어 일반 살인죄에 비해 더 큰 사회적 비난을 받아야 할 이유가 충분하다.

한편 1995년의 형법개정으로 존속살해죄에 대한 처벌은 종래의 사형 또는 무기징역에서 사형, 무기 또는 7년 이상의 징역으로 낮추어 졌다. 그에 따라 일반 살인죄와의 차이는 완화되었고, 법관이 책임에 맞는 형벌을 부과하는 것이 가능해졌다. 이러한 점들을 고려할 때, 직계존속을 살해한 자를 일반 살인죄를 저지른 자에 비하여 더 무겁게 처벌하는 형법조항은 평등원칙에 반하여 헌법에 위반된다고 볼 수 없다.

(2) 변호사시험 지방 응시생도 서울에서만 치러야 하나?

변호사시험 시험장의 서울 한정(헌재 2013.9.26. 2011헌마782등)(기각)

A는 부산에 거주하면서 그 지역 로스쿨 과정을 마치고 변호사시험 준비를 하고 있다. 변호사시험 공고에 서울소재 4개 대학으로 지정한 것을 불합리한 차별이라고 생각하여 소송을 제기했다. 이러한 법무부장관의 시험공고는 A와 같은 지방응시자의 평등권을 침해하는 것일까?

시험장소 선정과 같은 시험방법의 문제에 있어서는 다수 응시자의 편의, 시험지 배송 지연이나 보안사고와 같은 시험사고의 위험성, 활용할 수 있는 인적 · 물적 자원의 배치 등을 고려하여 시험주관청의 전문적 판단이 존중되어야 한다. 변호사시험은 중간의 휴일을 포함하여 총 5일 동안 치러지는데, 객관식과 서술형 문제, 서류작성 문제 등 다양한 문제가 치러진다. 따라서 출제 · 인쇄 · 시험시행 · 답안보관 등 업무처리 절차가 복잡한데, 시설들을 서로 가깝게 두지 않으면, 시험사고 위험이 증대하여 변호사시험의 공정성과 통일성을 해할 우려가 있다. 따라서 변호사시험을 하나의 지역에서 집중하여 실시하는 것은 합리적 이유가 있다. 한편 법학전문대학원 정원 2000명 중 과반수 이상은 서울권역 법학전문대학원에 소속되어 있다. 또한 지방에 권역별 응시자들 입장에서도 항공, 육상교통의 중심지인 서울이 다른 지역에 비해 접근하기가 쉽다. 따라서 변호사시험이 집중 실시될 지역으로 서울을 선택한 것도 합리적 이유가 있다. 변호사시험 시험장을 서울 소재 대학교에 한정된 시험장으로 선정한 것은 합리적인 이유가 있으므로 지방응시자인 A의 평등권을 침해하지 않는다.

(3) 혼인신고 안 했으면 상속할 수 없나?

사실혼 배우자의 상속권 부인(헌재 2014. 8. 28. 2013헌바119)(합헌)

A와 B는 혼인신고는 못했지만 사이좋은 부부였다. 함께 아이스크림 가게를 운영하던 중, 3년 6개월 후 B가 병을 얻어 세상을 떠났고, B의 어머니가 상속인으로서 아이스크림가게에 대한 B의 공유지분을 물려받았다. 하지만 A는 B의 공유지분을 상속할 수 없었다. 민법상 혼인신고를 한 배우자만 상속인이 되도록 규정하고 있어서, A와 같은 사실혼 배우자는 상속권인 인정되지 못하기 때문이었다. A는 이러한 민법 조항이 사실혼 배우자를 불합리하게 차별하는 것이라고 생각했다. 이러한 민법조항은 평등원칙에 반하여 헌법에 위반되

는 것일까?

상속권의 내용과 한계는 국회가 광범위한 권한을 가지고 법률로써 정할 문제이다. 상속으로 인한 재산상 법률관계는 되도록 빨리 확정하여 분쟁을 방지하고, 거래를 안전하게 할 필요가 있고, 부부 이외에 제3자에게도 영향이 있기 때문에 명확하고 획일적으로 이루어 져야 한다. 혼인신고를 하지 않은 사실혼 관계는 외부에서 객관적으로 알기 어렵다. 따라서 부부 중 한 명이 사망한 후 사실혼 관계에 의문을 제기하는 다른 사람들이 상속을 둘러싼 법적인 다툼을 벌일 가능성이 크다. 그러므로 혼인신고를 한 법률혼과 동일하게 취급할 수 없다. 또 자발적으로 혼인신고를 하지 않고 사실혼을 선택한 것은 법률에 규정된 혼인의 효과를 따르지 않으려는 적극적 의사에 따른 것이다. 따라서 혼인에 따른 상속권을 인정하지 않는 것이 불합리하다고 할 수 없다. 이처럼 상속권에 관하여 사실혼 배우자를 법률혼 배우자와 다르게 대우하는 것에는 합리적인 이유가 있다. 평등원칙에 반하여 헌법에 위반되지 않는다.

(4) 공중보건의사 근무기간, 연금법상 재직기간 불산입 조항은 평등원칙에 위배되는 것인가?

공중보건의사 재직기간 불산입(헌재 2016.2.25. 2015헌가15)(헌번불합치)

의과대학을 졸업한 A는 3년 동안 공중보건의사로서 근무하고 전역하였다. 그 후 A는 사립대학 교수로 임용되었다. 사립학교 교직원 연금공단에 공중보건의사로 복무한 3년을 재직기간에 합산신청을 했으나 거부당했다. 법률상 현역병 등 복무기간은 재직기간 산입대상이지만, 공중보건의사 복무기간은 재직기간 산입 대상이 아니라는 이유였다. 사립학교 교직원 연금법조항은 평등원칙에 반하여 헌법에 위반될까?

A가 공중보건의사로 복무할 때 적용된 병역법에 의하면, 의사 · 치과의사 등의 자격이 있는 사람이 공중보건의사와 군의관 중 어떠한 형태로 복무할 것인지는 본인의 뜻이 아니라 국방부장관에 의하여 결정되었다. 또 과거에는 군의관이 군인연금법의 적용을 받는 것과는 달리 공중보건의사는 군인연금법은 물론 공무원연금법도 적용되지 않았다. 공중보건의사는 병역의무 이행의 일환으로 의료분야에서 일한다. 또한 도서 · 벽지 등 의료취약지역에서 복무하면서 그 지역 안에서 거주하여야 하고, 복무에 관하여 국가의 강력한 통제를 받는다. 따라서 공중보건의사로 복무하였던 사람이 사립학교 교직원으로 임용되었을 경우 군의관이나 현역병 등과 달리 공중보건의사 복무기간을 재직기간에 반영하지 않는 차별취급에는 합리적인 이유가 없다. 따라서 평등원칙에 반하여 헌법에 위반된다.

(5) 자전거 타고 퇴근하다가 다치면, 업무상 재해가 아닌가?

통상출퇴근 재해 산재보상 불인정(헌재 2016.9.29. 2014헌바254)(헌법불합치)

아파트 관리사무소에서 전기기사로 근무하던 A는 자전거를 타고 퇴근하다 다쳐 일할 수가 없게 되었다. 산업재해보상보험에 가입되어 있었던 A는 근로복지공단에 산업재해보상보험법상 요양급여를 신청하였다. 하지만 근로복지공단은 A의 부상은 업무상 재해에 해당하지 않는다는 이유로 승인하지 않았다. 산업재해보상보험법은 출퇴근 시 재해의 경우, 사업주가 제공하는 교통수단을 이용한 출퇴근 중 다친 경우만 업무상 재해로 인정하고 있었기 때문이다. A는 걷거나 자기차량 또는 대중교통을 이용해서 출퇴근하다가 다친 경우에는 업무상재해로 인정하지 않는 것이 불합리하다고 생각한다. A에게 적용된 산업재해보상법 조항은 평등원칙에 반하여 헌법에 위반되는 것일까?

산업재해보상보험의 급여를 받을 권리는 사회보장수급권의 하나로 국가의 재정부담 능력과 전체적 사회보장 수준 등을 고려하여 법률로써 그 내용과 범위를 정한다. 오늘날 산재보험제도는 산업재해로부터 근로자와 그 가족의 생활을 보장하는 기능의 중요성이 더 커지고 있다. 근로자의 출퇴근 행위는 업무와 나눌 수 없는 밀접한 관계에 있고, 사실상 사업주가 정한 시각과 근무지에 따라 이루어지게 된다. 사업주가 제공하는 교통수단을 이용하지 않는 통상의 출퇴근 행위도 이동방법이나 경로의 선택이 근로자에게 맡겨져 있다는 점에서 업무상 재해로 인정되는 출장행위와 다르지 않다. 따라서 통상의 출퇴근 재해를 업무상 재해로 인정하는 것이 산재보험의 생활보장적 성격에 부합한다. 통상의 출퇴근 재해를 업무상 재해로 인정할 경우 산재보험의 재정이 악화되거나 사업주가 부담하는 보험료가 인상될지 모른다는 우려가 있을 수도 있다. 하지만 이 문제는 보상대상을 제한하거나 근로자에게도 해당 보험료의 일부를 부담시키는 방법 등으로 어느 정도 해결할 수 있다. 반면에 통상의 출퇴근 중 재해를 입은 근로자의 경우 가해자에게 책임을 물어도 충분한 배상을 받지 못하는 것이 현실이고, 이 때 근로자와 그 가족의 정신적 · 신체적 또는 경제적 불이익은 매우 크다. 따라서 통상의 출퇴근 재해를 사업주가 제공하는 교통수단을 이용한 출퇴근시 재해와 달리 업무상 재해로 인정하지 않는 차별취급은 합리적인 이유가 없다. 그러므로 평등원칙에 반하여 헌법에 위반된다.

(6) 기혼자는 선거운동원을 한 명 더 둘 수 있는가?

예비후보자 선거운동원 수의 차별(헌재 2013.11.28. 2011헌마267)(위헌)

미혼인 A는 서울시 구의원선거에 출마하기 위해 예비후보자 등록을 준비하고 있었다. 그런데 기혼인 다른 예비후보자 B의 경우, 그 배우자뿐만 아니라 배우자와 함께 시민운동을 하던 C까지 B의 명함을 돌리면서 선거운동을 하고 있다는 것을 알게 되었다. 공직선거법은 예비후보자의 배우자가 지정한 1명도 예비후보자의 명함을 직접 주거나 지지를 호소할 수 있도록 규정하고 있다. A는 선거운동에 관하여 배우자 없는 예비후보자를 배우자 있는 예비후보자와 달리 규율하고 있는 것은 불합리한 차별이라고 생각하게 되었다. 이러한 공직선거법 조항은 배우자 없는 예비후보자의 평등권을 침해하는 것일까?

공직선거법상 허용되는 선거운동 방법에 관하여 미혼인 예비후보자와 기혼인 예비후보자를 차별취급하려면 합리적인 이유가 있어야 한다. A가 출마를 준비할 당시 공직선거법은 예비후보자의 선거운동에서 독자적으로 명함을 직접 주거나 지지를 호소를 할 수 있는 사람으로 배우자와 직계 존·비속으로 제한하고 있었다. 이에 따라 미혼인 예비후보자는 불리한 상황에서 선거운동을 하게 된다. 그런데 기혼인 예비후보자는 이에 더하여 배우자가 지정한 1명까지 명함을 교부하고 지지를 호소할 수 있도록 하면, 배우자가 있는지 여부에 따른 차별효과가 지나치게 커진다. 이것은 상대방을 만난 자리에서 직접 주는 명함의 기능에도 맞지 않을 뿐만 아니라, 정치신인의 참여와 홍보기회를 확대하려는 예비후보자 제도의 취지에 어긋나며, 선거운동의 기회균등 원칙에도 반하게 된다. 이처럼 예비후보자들을 배우자가 있는지 여부에 따라 차별취급하는 것은 합리적인 이유가 없다. 따라서 배우자 없는 예비후보자의 평등권을 침해한다.

08 신체의 자유

우리 헌법 제12조 제1항에서는 "모든 국민은 신체의 자유를 가진다. 누구든지 법률에 의하지 아니하고는 체포 · 구속 · 압수 · 수색 또는 심문을 받지 아니하며, 법률과 적법한 절차에 의하지 아니하고는 처벌 · 보안처분 또는 강제노역을 받지 아니한다."고 규정한다. 법률이 없으면 범죄도 없고 형벌도 없다. 국민이 헌법에 맞는 법률에 의하지 않고는 국민을 처벌할 수 없다는 뜻이다. 이에 따라 국민의 대표인 국회는 무엇이 처벌되는 행위인가를 국민이 알 수 있도록 법률에 명확하게 규정해야 한다. 또한 범죄자의 잘못, 즉 책임에 따른 형벌이 부과될 수 있도록 해야 한다. 범죄를 저질러 처벌을 받는 일은 보통 사람들에게는 흔한 일은 아니다. 그렇지만 형사처벌을 받게 되는 상황에 처한 개인에게는 인생을 좌우하는 중요한 순간이 될 수도 있다. 우리 헌법은 불필요하거나 잘못된 형사처벌을 막고, 범죄자라 하더라도 자신이 저지른 잘못에 비해 너무 과중한 처벌을 받지 않도록 여러 대책을 마련하고 있다. 또한 이중처벌금지의 원칙에 의하여 범죄를 저질러 이미 처벌을 받은 사람을 국가가 거듭 처벌하는 것은 금지된다. 신체의 자유를 보장하기 위한 것이다. 범죄와 처벌에 관한 국가작용도 다른 국가작용과 마찬가지로 필요한 범위를 넘어서 이루어져서는 안 된다.

우리 헌법 제13조 제1항에서는 "모든 국민은 행위시의 법률에 의하여 범죄를 구성하지 아니하는 행위로 소추되지 아니하며, 동일한 범죄에 대하여 거듭 처벌받지 아니한다."고 규정한다. 여기서 말하는 처벌은 범죄에 대한 국가의 형벌권 실행을 의미하고, 그 밖의 제재나 불이익한 처분은 포함되지 않는다. 동일한 범죄에 대해 거듭하여 징역이나 벌금과 같은 형법에 규정된 형벌을 부과하는 경우가 아닌 한 범죄자의 재범을 방지하기 위해 사회복귀 이후에 그의 자유와 권리를 제한한다 하더라도 이중처벌은 문제되지 않는다. 예를 들어 전자발찌 부착이나 신상정보공개 등은 그러한 처분을 받은 사람의 기본권을 제한하는 불이익한 처분에 해당한다. 그러나 그 자체가 형법에 규정된 형벌은 아니기 때문에 이중처벌에는 해당되지 않는다. 다만 그러한 제한이 정당한 목적의 달성을 위해 필요한 범위를 넘는 것인지 여부는 헌법적 검토가 필요하다.

⊙ 헌법재판소 판례

(1) 허위통신 처벌조항은 헌법에 위반되는 것일까?

허위통신 처벌(헌재 2010.12.28. 2008헌바157등)(위헌)

A는 미네르바라는 ID를 사용하여 인터넷에 경제관련 글들을 올려왔다. 어느 날 A는 인터넷 포털사이트 경제토론방에 '드디어 외환보유고가 터지는 구나'라는 제목으로 거짓내용을 올렸고, A가 올린 거짓 글을 수만 명이 읽게 된다. 그리고 A는 몇 달이 지난 후 같은 토론방에 '대정부 긴급공문 발송 1보'라

는 제목으로 글을 올렸다. 이번에는 약 10만 명 이상이 이 글을 읽었다. A가 올린 글이 사회적으로 화제가 되면서 A는 공익을 해할 목적으로 전기통신설비에 의하여 공연히 허위의 통신을 한 사람에 대한 처벌규정을 위반했다는 이유로 기소되었다. 정부의 경제정책에 대한 신뢰도를 저하시키고 정부의 환율정책 수행을 방해하기 위해 인터넷상에 거짓된 내용의 글을 올렸다는 이유였다. A는 자신이 허위통신 처벌조항을 위반했다는데, 도대체 어떤 행위가 처벌대상인지 법률 자체가 불명확하다고 항변하고, 그리고 이 정도는 표현의 자유에 속한다고 생각했다. A의 처벌에 적용된 허위통신 처벌조항은 헌법에 위반되는 것일까?

국민의 자유와 권리를 제한하는 법률은 명확하게 규정되어야 한다. 특히 범죄와 처벌을 규정하는 법률은 더욱 세밀하고 명확하게 규정되어야 한다. 이를 '죄형법정주의의 명확성의 원칙'이라고 한다. 이 사건에서 A에게 적용된 법률조항은 '공익을 해할 목적'의 허위의 통신을 금지하고, 위반하면 처벌하도록 규정하고 있다. 여기서의 공익은 그 뜻이 불명확하고 추상적이다. 어떤 행위가 공익을 해하는지 아닌지에 대한 판단은 사람마다 가지고 있는 생각에 따라 크게 달라질 수밖에 없다. 우리 사회는 매우 복잡하고 구성원들의 이익이 충돌하는 상황이 자주 발생한다. 그럴 때 무엇이 공익인지 특정하기 어렵고 충돌하는 공익 중 무엇을 더 중요하게 평가할 것인지도 쉽지 않은 문제다. 결국 이 법률조항은 이를 지켜야 하는 국민들에게 일반적으로는 허용되는 허위의 통신 가운데 구체적으로 어떤 목적의 통신이 금지되는 것인지를 알려주지 못한다. 따라서 A에게 적용된 법률조항은 죄형법정주의의 명확성 원칙에 위배되어 헌법에 위반된다.

(2) 다른 사람을 경멸하는 말을 하면 안 되나?

공공연한 모욕행위 처벌(헌재 2013.6.27. 2012헌바37)(합헌)

비평가 A는 자신이 활동하는 정당의 인터넷 게시판에 특정신문에 대한 글을 썼다. A는 그 글에서 다른 B를 듣보잡이라고 불렀고, 몇 달 뒤에는 자신의 블로그에 '드보르잡의 근황'이라는 글을 올렸다. 이로 인해 A는 모욕죄로 기소되어 형사재판을 받게 되었고, 벌금형을 선고 받았다. 하지만 A는 모욕적이라는 개인의 주관적인 감정을 형벌을 동원해 보호해 주어야 하는가? 손해배상 등 다른 수단을 통해서 보호해줄 수 있는 것이 아닌가? 또 형사처벌이 개인의 감정이나 의견의 표현을 지나치게 제한하는 것 아닌가? 라고 말한다. A에게 적용된 모욕죄 처벌조항은 헌법에 위반되는 것일까?

모욕이란 사람에 대해 경멸의 뜻을 표시하는 것을 말한다. 사실을 드러내거나 설명하는 것이 아니라 사람에 대한 사회적 평가를 떨어뜨릴 수 있는 추상적인 판단이나 경멸적인 감정을 표현하는 것이 바로 모욕이고, 그 의미 자체는 명확하다. 다른 사람에 대한 감정이나 의견을 표시하는 것은 원칙적으로 자유이지만, 그러한 표현의 자유는 무한한 것은 아니다. 국가안전보장 · 질서유지 또는 공공복리를 위하여 필요한 경우에 법률로써 제한될 수 있다. 공공연하게 다른 사람을 모욕하는 행위를 처벌하는 것은 모욕을 당한 사람의 명예에 관한 권리를 보호하기 위하여 필요하다. 특히 오늘날과 같이 정보통신기술이 발달한 사회에서는 타인에 대한 모욕적 의견이 쉽게 전파되고, 그로 인한 피해의 회복은 쉽지 않기 때문이다. 모욕행위의 처벌규정이 개인의 감정과 의견의 표현을 지나치게 억제하는 것이 아닌가 하는 우려가 있을 수 있다. 하지만 우리 시대의 건전한 사회통념에 비추어 사회상규에 위배되지 않는 행위는 처벌대상에서 제외되어 있는 점을 고려하면 지나친 제한이라고 볼 수 없다. 따라서 모욕죄 처벌조항은 표현의 자유를 침해하지 아니하여 헌법에 위반되지 않는다.

(3) 부부사이의 문제에 형법이 개입해도 되는가?

간통행위 처벌(헌재 2015.2.26. 2009헌바17등)(위헌)

불륜이라는 간통은 배우자에게 큰 상처와 도덕적 비난의 대상이 되지만, 당사자에게는 사랑이나 자유의 문제가 되기도 한다. 자녀의 학교행사에서 만나 가까워진 A와 B는 서로 배우자가 있다는 걸 알면서도 간통에 이르게 되었다. 이 사실을 알게 된 각자의 배우자로부터 고소를 당하게 되자 미안한 마음이 들었지만, 그래도 부부사이의 문제를 가지고 형사 처벌까지 하는 것은 가혹하다는 생각이 들었다. A와 B를 처벌하는 간통죄 처벌조항은 헌법에 위반되는 것일까?

이 사건에서 재판관 7명은 세 가지로 나뉜 위헌의견을 냈다. 첫 번째 의견(재판관 5인)은 다음과 같다: 간통죄는 개인의 성적 자기결정권과 사생활의 자유를 침해한다. 비도덕적인 행위가 반드시 형사처벌의 대상이 되어야 하는 것은 아니다. 혼인과 가정의 유지는 당사자의 자유로운 의지와 애정에 달린 것이고, 형벌을 통해서 강제될 수 없는 것이다. 간통행위자의 배우자에 대한 보호는 이혼절차와 손해배상을 통해서 이루어질 수 있다. 간통죄 규정은 오랜 시간 존재했지만 우리 사회에서 간통행위는 줄어들지 않았다. 이는 처벌조항이 범죄를 억제하지 못한 것이다. 이런 사정을 종합해 보면 간통행위의 형사처벌은 지나친 자유침해에 해당하여 헌법에 위반된다.

두 번째 의견(재판관 1인)은 이미 혼인관계가 파탄 난 상태에서 간통을 한 경우라든지, 유부남 유부녀와 간통한 미혼남녀의 경우 형사처벌을 할 정도의 비난가능성이 인정되지 않을 수도 있으므로 다 똑같이 간통으로 처벌하는 규정은 지나친 국가형벌권의 행사로서 헌법에 위반된다는 것이다.

세 번째 의견(재판관 1인)은 간통행위자에 대한 고소의 요건이 불명확하고 간통죄 처벌규정에는 벌금형이 없는 등 법정형이 지나치게 무거워 명확성원칙 및 책임과 형벌간 비례원칙에 위반된다는 것이다.

재판관들의 의견을 종합하면 간통죄 처벌규정은 헌법에 위반된다.

(4) 외국에서 처벌받았는데 또 처벌받나?

외국의 형집행과 국내에서의 처벌(헌재 2015.5.28. 2013헌바129)(위헌)

A는 친구여권에 자신의 사진을 붙여 넣어서 여권을 위조하였다. A는 홍콩국제공항에서 위조여권을 진짜인 것처럼 제시하다가 경찰에 체포되었고, 홍콩법원에서 징역 1년을 선고받았다. 그리고 홍콩교도소에서 약8개월간 복역 중 우리나라로 강제추방되었다. A는 공항에서 공문서 위조로 다시 체포되어 징역 6개월을 선고받았다. 우리 형법은 외국에서 형 집행을 받은 경우, 형을 감면한다가 아니라 단지'형을 감면할 수 있다'고 규정되어 감면받지 못했다. A는 외국에서 한번 처벌받았는데, 다시 처벌받고, 감면되지도 않고, 이런 것은 이중처벌이라고 생각했다. A에게 적용된 형법조항은 헌법에 위반되는 것일까?

형사처벌은 한 국가의 권한에 속하는 문제이다. 외국법원의 판결이 당연히 우리 법원에서도 효과가 있는 것은 아니다. 세계 각국은 서로 다른 형법을 가지고 있고, 외국 형법에 의한 처벌과 우리 형법에 의한 처벌은 별도로 이루어질 수 있다. 우리 헌법은 이중처벌을 금지하고 있다. 이것은 우리나라의 국가권력에 의한 거듭처벌을 금지하는 것이므로 외국에서 형사처벌을 받았다고 하여 우리나라에서 형사처벌을 할 수 없는 것이 아니다. 그러므로 A가 홍콩에서 유죄판결을 받고 수감생활을 했다하더라도 우리 법원은 우리 형법규정을 적용하여 처벌할 수 있다. 그렇지만 외국에서의 수감생활을 전혀 고려하지 않고 처벌할 경우 신체의 자유에 대한 과도한 제한이 될 수 있으므로, 외국에서 형을 집행받았다는 사정은 어느 범위에서든 반드시 법원의 판단에 반영되어야 할 것이다. 따라서 이 사건에서 법원이 그러한 사정을 고려할 수도 전혀 고려하지 않을 수도 있도록 규정한 임의적 감면조항인 형법규정은 신체의 자유를 침해하여 헌법에 위반된다.

(5) 언론인 및 사립학교관계자는 공무원의 의무를 부담해야 할까?

부정청탁과 금품수수금지(헌재 2016.7.28. 2015헌마236등)(합헌)

다른 민간영역은 청탁금지법의 적용을 받지 않는데, 언론인과 사립학교관계자만 공무원과 같은 의무를 부담하고 형사처벌하는 것은 자신들의 언론의 자유나 사학의 자유와 평등권을 침해하는 것이라고 생각하게 되었다. 청탁금지법의 조항은 기본권을 침해하는 것일까?

교육과 언론은 국가와 사회에 지대한 영향을 미친다. 그래서 교육 관계자와 언론인에게는 공직자에게 맞먹는 청렴성이 요구된다. 그럼에도 불구하고 교육계와 언론계는 부정청탁이나 금품수수 관행이 오랫동안 지속되어 왔다. 이러한 상황을 고려하면 공직자와 마찬가지로 사립학교 관계자 및 언론인에게 부정한 청탁을 하는 것을 금지하고, 이들이 정당한 이유 없이 금품을 수수할 수 없도록 한 입법자의 선택이 언론인이나 사립학교 관계자의 자유를 과도하게 침해하는 것이라고 할 수 없다. 한편 공무원에 버금가는 정도의 공정성·청렴성이 요구되는 각종 분야의 종사자 중 어느 범위까지 청탁금지법이 적용될 것인지는 업무의 공공성, 청탁관행이나 접대문화의 존재 및 그 심각성의 정도, 국민의 인식 등 여러 요소를 고려하여 국회가 결정할 사항이다. 청탁금지법이 언론인이나 사립학교 관계자의 자유를 침해하지 않는다고 보는 이상 민간부문 중 우선 이들만 공직자와 같은 의무를 지게 하는 것이 합리적 이유 없는 차별로서 평등권을 침해한다고 볼 수 없다. 따라서 언론인과 사립학교관계자의 부정청탁과 금품수수를 금지하는 것은 일반적 행동의 자유와 평등권을 침해하지 않는다.

(6) 종업원이 잘못했는데 우리 회사까지 처벌받아야 하나요?

직원의 범죄를 이유로 한 회사처벌(헌재 2016.10.27.2016헌가10)(위헌)

A는 화물운반회사에 고용되어 화물운전기사로 근무하고 있다. 어느 날 화물을 가득 싣고서 트럭 덮개를 덮는 것을 깜빡 잊고 고속도로를 운전하던 중 도로교통법위반으로 벌금형을 받았다. 그런데 A를 고용한 화물운반회사 대표도 A가 도로교통법을 위반했다는 이유로 같이 형사재판을 받게 되었다. 회사 대표는 A에게 법을 어기라고 한 적도 없고, 평소 종업원들에게 도로교통법 준수를 강조했는데, 왜 처벌을 받아야 하는지 모르겠다고 항변했다. 형사재판을 맡은 법원도 도로교통법 조항이 과연 헌법에 부합하는 것인지 의심이 들었다. 과연 화물운반회사에 적용된 처벌조항은 헌법에 위반되는 것일까?

사회적으로 나쁜 영향을 미치거나 어떤 개인에게 해를 끼치는 부정적인 현상이 발생했더라도 그러한 현상에 책임이 없는 사람을 단지 나쁜 결과가 발생했다는 이유만으로 처벌할 수는 없다. 이것이 "책임 없는 자에게는 형벌을 부과할 수 없다"는 책임주의 원칙이다. 회사의 종업원이 회사업무에 관한 범죄를 저질렀다 하더라도 회사가 종업원의 범죄행위와 관련하여 비난받을 만한 책임이 없다면, 그 회사를 처벌할 수는 없다. 회사를 처벌하려면 회사가 종업원의 범죄행위에 가담하였거나 종업원을 제대로 감독하지 않은 경우와 같이 회사의 독자적인 책임이 있는 경우이어야 한다. 따라서 이 사건에서 단순히 회사가 고용한 종업원이 업무에 관해 범죄행위를 저질렀다는 이유만으로 회사를 처벌하도록 한 법률조항은 책임주의 원칙에 위배되어 헌법에 위반된다.

09 주거의 자유 및 거주·이전의 자유

주거의 자유

주거의 자유는 개인의 자유로운 인격의 발현을 위하여 기초적 생활공간인 주거의 장소에 공권력이나 제3자로부터 침해당하지 아니할 권리를 보장받음의 의미한다. 즉 주거의 자유에서의 '주거'는 인간의 거주와 활동을 위한 장소로 만들어진, 누구에게나 출입할 수 있도록 개방되지 않은 모든 사적 공간을 의미한다. 주거의 자유는 성질상 인간의 권리이므로 외국인도 그 주체의 대상이 되지만, 법인은 자연인이 아니므로 사생활이 전개되는 공간적 영역이라는 점에 비추어볼 때, 법인 등의 단체에는 주거의 자유가 인정되지 않는다는 것이 다수의 견해이다.

우리 헌법은 제16조에서 "모든 국민은 주거의 자유를 침해받지 아니한다.

주거에 대한 압수나 수색을 할 때에는 검사의 신청에 의하여 법관이 발부한 영장을 제시하여야 한다."고 하여 주거의 자유를 보장한다. 주거에 대한 압수나 수색을 하기 위하여서는 정당한 이유와 적법절차에 의해 발부된 영장이 필요하다. 즉 영장발부에는 범죄의 혐의가 있거나, 수사하기 위한 증거물의 발견 · 보전의 필요성이 있어야 한다. 그리고 영장은 법관이 발부한 것이어야 하고, 영장에는 압수할 물건과 수색할 장소 등이 명시되어야 한다.

거주·이전의 자유

거주 · 이전의 자유는 거주지를 자유롭게 설정하고 이전할 수 있는 자유를 의미한다. 이러한 자유에는 외국에 이주하거나 또는 국적을 이탈하는 자유를 보장한다. 다만, 거주 · 이전의 자유도 공공의 복지에 반하지 않아야 한다. 예를 들어, 전염병환자의 격리를 위한 사회국가적 요청은 헌법에 의하여 제한을 받는다. 거주 · 이전의 자유는 인간의 권리가 아니기 때문에 그 주체는 국민만이 될 수 있으며, 외국인은 제한이 따른다.

우리 헌법은 헌법 제14조는 "모든 국민은 거주 · 이전의 자유를 가진다." 고 규정하여 거주 · 이전의 자유를 보장하고 있다. 다만, 거주 · 이전의 자유는 자연인만이 아니라 법인도 그 주체가 될 수 있다. 따라서 사무실이나 병원 등도 거주지가 될 수 있다. 외국인은 국민이 아니므로 거주 · 이전의 자유를 보장받으려면 외국인이 입국하고자 할 때에는 유효한 여권 또는 선원수첩과 법무부장관이 발급한 사증을 가지고 있어야 한다. 거주 · 이전의 자유도 헌법 제37조 제2항에 따라 국가안전보장 · 질서유지 · 공공복리를 위하여 필요한 경우에는 제한될 수 있다.

⊙ 헌법재판소 판례

(1) 병역의 의무를 다하지 않으면 외국에 여행을 가지 못하는가?

병역의 의무와 외국여행의 제한(헌재 2013.6.27. 2011헌마475)(합헌)

병역법상 28세가 된 사람은 대부분 더 이상 입영의무를 연기할 사유가 없어 곧 징 · 소집의무를 이행하여야 할 경우에 해당하고, 국외여행을 하여야 할 부득이한 사유가 있는 사람은 병역의무부과에 지장이 없는 한 특별한 연령제한 없이 국외여행을 허가받을 수 있는 규정이 마련되어 있으므로, 병역의무 회피방지와 병역자원의 원활한 수급 필요성에 비추어 볼 때 제1국민역의 단기국외여행을 "1년 범위 내에서 27세까지"로 제한하고 있는 심판대상 규정은 거주 · 이전의 자유를 침해하지 않는다.

(2) 직업선택으로 임의의 장소에서 자유롭게 활동할 수 있는가?

지방자치단체장 피선거권의 자격요건(헌재 1996.6.26. 96헌마200)(합헌)

거주 · 이전의 자유가 국민에게 그가 선택할 직업 내지 그가 취임할 공직을 그가 선택하는 임의의 장소에서 자유롭게 행사할 수 있는 권리까지 보장하는 것은 아니다. 가령 공직선거및선거부정방지법 제16조 제3항에서는 지방자치단체장의 피선거권자격요건으로서 90일 이상 관할구역 내에 거주할 것을 요구하는 규정을 두고 있는데, 직업에 관한 규정이나 공직취임의 자격에 관한 제한규정이 그 직업 또는 공직을 선택하거나 행사하려는 자의 거주 · 이전을 간접적으로 어렵게 하거나 불가능하게 하거나 원하지 않는 지역으로 이주할 것을 강요하게 될 수는 있으나, 그와 같은 조치가 특정한 직업 내지 공직의 선택 또는 행사에 있어서의 필요와 관련되어 있는 것인 한, 그러한 조치에 의하여 헌법 제15조의 직업의 자유 내지 헌법 제25조의 공무담임권이 제한될 수는 있어도 헌법 제14조의 거주 · 이전의 자유가 제한되었다고 볼 수 없다.

(3) 추징금 미납자에 대한 거주이전의 자유를 제한할 수 있는가?

추징금 미납자에 대한 출국금지(헌재 2004.10.28. 2003헌가18)(합헌)

일정금액 이상의 추징금을 납부하지 아니한 자에게 법무부장관이 출국을 금지할 수 있도록 함으로써 헌법 제14조상의 거주 · 이전의 자유 중 출국의 자유를 제한할 수 있는가? 추징금을 미납한 국민이 출국을 이용하여 재산을 해외로 도피하는 방법으로 강제집행을 곤란하게 하는 것을 방지함으로써 추징금에 관한 국가의 형벌권을 실현하고자 하는 것에 그 목적이 있고, 출국금지의 대상이 되는 추징금은 고액의 추징금 미납자에 대하여서만 출국의 자유를 제한할 수 있도록 하고 있으며, 합헌적 근거 법조항에 따라 시행되는 제도이다.

(4) 해외의 위난지역에서 여권사용을 제한할 수 있는가?

해외 위난지역에서의 여권사용 제한(헌재 2008.6.26. 2007헌마1366)(합헌)

전쟁 또는 테러위험이 있는 해외 위난지역에서 여권사용을 제한하거나 방문 또는 체류를 금지한 외교통상부 고시가 거주 · 이전의 자유를 침해하는지 여부이다. 국민의 생명 · 신체 및 재산을 보호하기 위한 것으로 그 목적의 정당성과 수단의 적절성이 인정된다. 전쟁이 계속 중이던 이라크와 소말리아, 그리고 한국인에 대한 테러 가능성이 높았던 아프가니스탄 등 3곳으로 한정하고, 기간도 1년으로 하여 부득이한 경우 예외적으로 외교통상부장관의 허가를 받아 여권의 사용 및 방문 · 체류가 가능하도록 함으로써 국민의 거주 · 이전의 자유에 대한 제한을 최소화하고 법익의 균형성도 갖추었다면, 과잉금지원칙에 위배하여 청구인들의 거주 · 이전의 자유를 침해하였다고 볼 수 없다.

(5) 개인의 국적선택에 제한을 둘 수 있는가?

국적선택권 제한(헌재 2006.3.30. 2003헌마806)(합헌)

천부인권 사상은 국민주권을 기반으로 하는 자유민주주의 헌법을 낳았고 이 헌법은 인간의 존엄과 가치를 존중하므로, 개인은 자신의 운명에 지대한 영향을 미치는 정치적 공동체인 국가를 선택할 수 있는 권리, 즉 국적선택권을 기본권으로 인식하기에 이르렀다. 그러나 개인의 국적선택에 대하여는 나라마다 그들의 국내법에서 많은 제약을 두고 있는 것이 현실이므로, 국적은 아직도 자유롭게 선택할 수 있는 권리에는 이르지 못하였다고 할 것이다. 그러므로 "이중국적자의 국적선택권"이라는 개념은 별론으로 하더라도, 일반적으로 외국인이 특정한 국가의 국적을 선택할 권리가 자연권으로서 또는 우리 헌법상 당연히 인정된다고는 할 수 없다.

(6) 해직공무원 보상금산정에서 이민을 제한사유로 할 수 있는가?

해직공무원의 보상금산정에서의 이민사유의 제외(헌재 1993.12.23. 89헌마189)(합헌)

1980년 해직공무원의 보상금산출기간의 산정에 있어 이민을 제한사유로 하는 것이 거주 · 이전의 자유를 침해하는지 여부가 문제된 바 있다. 헌법상 거주 · 이전의 자유 속에 국외거주의 자유가 포함된다고 하여도 1980년해직공무원의 보상등에관한특별조치법 제2조 제5항은 그 자체 청구인이나 대한민국 국민 누구에게도 거주이전의 자유를 제한하는 것이라거나 국외이주를 제한하는 규정이 아니므로, 동조항에 따른 보상의 차별이 있더라도 헌법상 재외국민의 평등권을 침해하였다고 할 수 없는 것과 마찬가지로 거주이전의 자유를 침해한 것이라 할 수 없다.

10 사생활의 비밀과 자유

사생활의 비밀과 자유는 사회공동체의 일반적인 생활규범의 범위 내에서 사생활을 자유롭게 형성해 나가고 그 설계 및 내용에 대해서 외부로부터의 간섭을 받지 아니할 권리로서, 사생활과 관련된 사사로운 자신만의 영역이 본인의 의사에 반해서 타인에게 알려지지 않도록 할 수 있는 권리로 헌법에 의하여 보장된다. 사생활의 비밀과 자유는 인격의 자유로운 발현과 인간의 존엄성을 보장하기 위한 것이기 때문에 성질상 인간의 권리로서 내국인뿐만 아니라 외국인에게도 인정된다.

사생활의 비밀과 자유가 우리 헌법에 처음 규정된 것은 1980년의 제5공화국헌법에서였다. 현행헌법은 제17조에서 "모든 국민은 사생활의 비밀과 자유를 침해받지 아니한다."라고 하여 사생활의 비밀과 자유의 불가침을 명시적으로 보장하고 있다. 또한 1994년에는 "공공기관의개인정보보호에관한법률"이 제정되어 공공기관의 컴퓨터에 의하여 처리되는 개인정보의 보호조치가 강구됨에 따라 정보화시대에 있어서의 사생활에 대한 보호를 강화하고 있다.

⊙ 헌법재판소 판례

(1) 명예를 보호하기 위하여 대외적 해명을 할 수 있는가?

명예보호를 위한 대외적 해명행위(헌재 2001.8.30. 99헌바92등)(합헌)

자신의 인격권이나 명예권을 보호하기 위하여 대외적으로 해명을 하는 행위는 표현의 자유에 속하는 영역이라고 할 수 있을 뿐 이미 사생활의 자유에 의하여 보호되는 범주를 벗어난 행위라고 볼 것이므로, 위 법 조항이 선거의 자유와 공정이라는 이념을 실현하기 위한 입법목적하에 선거에 영향을 미치게 하기 위한 일정한 선거운동행위를 제한한다고 하여 위 청구인의 사생활의 자유가 침해된다고는 볼 수 없다.

(2) 변호사의 수임사건 건수 및 수임액은 사생활의 비밀인가?

변호사의 수임사건의 건수 및 수임액의 보고(헌재 2009.10.29. 2007헌마667)(합헌)

공적인 영역의 활동은 다른 기본권에 의한 보호는 별론으로 하고 사생활의 비밀과 자유가 보호하는 것은 아니다. 변호사의 업무는 다른 어느 직업적 활동보다도 강한 공공성을 내포한다는 점 등을 감안하여 볼 때, 변호사의 업무와 관련된 수임사건의 건수 및 수임액이 변호사의 내밀한 개인적 영역에 속하는 것이라고 보기 어렵고, 따라서 사생활의 비밀과 자유를 침해하는 것이라 할 수 없다.

(3) 운전자가 좌석안전띠를 착용하는 것은 사생활의 자유인가?

자동차 좌석안전띠 미착용에 대한 범칙금부과(헌재 2003.10.30. 2002헌마518)(합헌)

일반교통에 사용되고 있는 도로는 국가와 지방자치단체가 그 관리책임을 맡고 있는 영역이며, 수많은 다른 운전자 및 보행자 등의 법익 또는 공동체의 이익과 관련된 영역으로, 그 위에서 자동차를 운전하는 행위는 더 이상 개인적인 내밀한 영역에서의 행위가 아니다. 그렇다면 운전할 때 운전자가 좌석안전띠를 착용하는 문제는 더 이상 사생활영역의 문제가 아니어서 사생활의 비밀과 자유에 의하여 보호되는 범주를 벗어난 행위이다.

(4) DNA신원확인정보의 수록 · 관리는 사생활의 비밀인가?

DNA신원확인정보의 수록 · 관리(헌재 2014.8.28. 2011헌마28등)(합헌)

자동화된 전산시스템으로 정보를 보유 · 관리하는 경우, 정보에의 무단 접근, 정보결합, 정보전달, 공조에 의한 정보공유 등이 시공의 제한 없이 매우 손쉽게 일어날 위험성이 크다. 이러한 위험에 노출된다면 정보 보유 자체의 정당성마저 취약해질 수 있다. 따라서 이러한 방식으로 처리되는 정보의 범위는 가급적 최소한으로 축소되어야 하고, 또한 보유기관은 그러한 위험으로부터 개인정보를 보호하는 일정한 조치를 취할 의무가 있다

데이터베이스에 수록되는 디엔에이신원확인정보는 개인식별을 위하여 필요한 사항 외의 정보 또는 인적 사항이 포함되어서는 아니 되며, 최소한의 필요정보만을 수록하도록 하고 있다. 즉 데이터베이스에 수록되는 디엔에이신원확인정보가 개인정보 누설의 염려가 적다면, 그 자체로 개인의 존엄과 인격권에 심대한 영향을 미칠 수 있는 민감한 정보라고 보기 어렵다.

(5) 교원의 노동조합 가입정보는 사생활의 비밀인가?

교원의 노동조합 가입정보의 비공개(헌재 2011.12.29. 2010헌마293)(합헌)

개인정보 보호의 정도는 개인정보의 성격, 정보수집의 목적, 정보의 이용형태, 정보처리방식 등을 감안하여 당해 정보처리의 위험성에 따라 구체적으로 결정되어야 한다. 예컨대, 사상이나 신조에 관한 정보, 범죄나 전과사실, 병력 등과 같이 그 자체로 개인의 내밀한 영역을 드러내는 민감한 개인정보의 경우에는 그 수집 내지 보유만으로 기본권 침해의 가능성이 크기 때문에 공개 · 활용에 있어서도 특별히 강화된 보호를 필요로 한다. 따라서 '개인정보 보호법'은 "개인정보처리자는 사상 · 신념, 노동조합 · 정당의 가입 · 탈퇴, 정치적 견해, 건강, 성생활 등에 관한 정보, 그밖에 정보주체의 사생활을 현저히 침해할 우려가 있는 개인정보로서 대통령령으로 정하는 정보(이하 "민감정보"라 한다)를 처리하여서는 아니 된다."(개인정보 보호법 제23조)고 규정하고 있는 것이다.

개별 교원의 교원단체 및 노동조합 가입 정보는 위 '개인정보 보호법' 제23조상의 노동조합의 가입 · 탈퇴에 관한 정보로서 '민감정보'에 해당하므로, 그 공개에는 최대한의 신중과 자제가 요청된다. 또한, 교육관계는 학교와 교사, 학부모 그리고 학생이라는 주체들 사이의 단순한 계약관계에 그치는 것이 아니라 고도의 신뢰를 바탕으로 하는 관계이므로, 그러한 교육관계에서 비롯되는 교육정보의 공개에는 일반 정보의 공개와는 다른 세심한 배려와 보호가 필요하다. 그렇다면, 이 사건 시행령조항이 교원의 교원단체 및 노동조합 가입 현황(인원 수)은 공시대상으로 삼으면서도 개별 교원의 가입 정보는 공시대상으로 삼지 않는 것은 알 권리와 개인정보 보호 모두를 충족시키는 것이다.

(6) 채무불이행자명부는 사생활의 영역인가?

채무불이행자명부의 공개(헌재 2010.5.27. 2008헌마663)(합헌)

채무불이행자명부나 그 부본은 누구든지 보거나 복사할 것을 신청할 수 있도록 규정한 민사집행법 제72조 제4항이 개인정보자기결정권을 침해하는지 여부가 문제된 바 있다. 채무이행의 간접강제 및 거래의 안전 도모라는 이 사건 법률조항의 입법목적은 정당하고, 채무불이행자명부를 누구나 열람 · 복사할 수 있도록 함으로써 불성실한 채무자로 하여금 이 명부에 등재됨으로 인하여 받게 될 명예, 신용의 훼손 등의 불이익을 피하기 위하여 채무의 자진 이행 또는 명시명령의 충실한 이행에 노력하도록 하는 등 간접강제의 효과를 기대할 수 있으며, 과잉금지의 원칙에 반하여 청구인들의 개인정보자기결정권을 침해하지 아니한다.

(7) 의료급여 수급권자의 진료정보는 사생활의 영역인가?

의료급여 수급권자의 진료정보 제공(헌재 2009.9.24. 2007헌마1092)(합헌)

개별 의료급여기관으로 하여금 수급권자의 진료정보를 국민건강보험공단에 알려줄 의무를 규정한 보건복지부장관 고시 조항이 개인정보자기결정권을 침해하는지 여부가 문제된 바 있다. 의료이용자가 의료급여를 받을 적법한 수급자인지 여부 및 의료급여의 범위 등을 정확하게 확인하려는 데에 그 목적이 있고, 또한 수집되는 정보의 범위는 건강생활유지비의 지원 및 급여일수의 확인을 위해 필요한 정보로 제한되어 있다. 개인정보자기결정권을 침해하는 것이라고 볼 수 없다.

11 통신의 자유

통신의 자유는 통신의 비밀에 대한 불가침으로 여기에서의 통신이란 공간적으로 상호 떨어져 있는 사람들 사이에 의사나 정보를 우편 등의 통신매체수단을 이용하여 전달 또는 교환하는 것을 의미한다. 즉 통신매체수단을 이용하지 아니하는 개인 간의 대화의 침해는 사생활의 비밀의 침해로 보장하여야 하고 통신의 비밀의 침해에는 해당하지 않는 통신은 특정한 상대방의 존재를 전제로 한다는 점에서 상대방이 없는 경우에도 보장되는 각종 언론 · 출판 · 집회 · 결사의 자유와는 구별된다. 통신의 자유는 인간의 권리이다. 즉 외국인에게 인정되며 법인에게도 그 주체성이 인정된다. 우리 헌법은 제18조에서 "모든 국민은 통신의 비밀을 침해받지 아니한다."고 하여 통신의 자유를 보장한다. 즉 모든 국민은 개인이 그 의사나 정보를 전달 또는 교환하는 경우에 그 내용 등이 본인의 의사에 반하여 공개되지 아니할 자유를 보장받는다.

⊙ 헌법재판소 판례

(1) 신병훈련소에서 공중전화 사용은 통신의 자유인가?

신병훈련소 공중전화 사용금지(헌재 2010.10.28. 2007헌마890)(합헌)

신병교육훈련을 받고 있는 군인의 통신의 자유를 제한하고 있으나, 신병들을 군인으로 육성하고 교육훈련과 병영생활에 조속히 적응시키기 위하여 신병교육기간에 한하여 신병의 외부 전화통화를 통제한 것이다. 또한 긴급한 전화통화의 경우는 지휘관의 통제 하에 허용될 수 있다는 점, 신병들이 부모 및 가족에 대한 편지를 작성하여 우편으로 송부하도록 하고 있는 점 등을 종합하여 고려하여 보면, 기본권을 필요한 정도를 넘어 과도하게 제한하는 것이라고 보기 어렵다.

(2) 통신제한기간 횟수제한 연장은 통신의 자유를 침해하는가?

통신제한조치기간의 횟수제한 연장(헌재 2010.12.28. 2009헌가30)(위헌)

범죄수사를 위하여 통신제한조치를 받고 있는 자에게 법원의 허가를 통하여 그 통신제한조치기간을 2월의 범위 내에서 횟수 제한 없이 연장받을 수 있도록 하는 근거가 되어 헌법 제18조 통신의 자유 중에서도 가장 핵심내용인 '통신의 비밀'을 제한하고 있다. 통신제한조치기간은 헌법상 무죄추정의 원칙과 통신의 비밀보호에 비추어 인정되는 불감청수사원칙의 예외로 설정된 기간이고, 이 기간을 연장하는 것은 예외에 대하여 다시금 특례를 설정하여 주는 것이 되므로 최소한에 그쳐야 한다. 그 최소한의 연장기간 동안 범죄혐의를 입증할 증거를 수집하지 못하였다면 범죄혐의가 없는 것으로 보거나 범죄혐의가 있어도 그 입증수단이 과도한 것으로 보아 통신제한조치를 중단하여야 한다. 그럼에도 통신제한조치의 총연장기간이나 총연장횟수를 제한하지 않고 계속해서 통신제한조치가 연장될 수 있도록 한 법률조항은 과잉금지 원칙에 위반하여 청구인의 통신의 비밀을 침해한다.

(3) 미결수용자의 서신검열 · 지연발송은 통신의 자유를 침해하는가?

미결수용자의 서신검열 · 지연발송(헌재 1995.7.21. 92헌마144)(합헌)

증거의 인멸이나 도망을 예방하고 교도소 내의 질서를 유지하여 미결구금 제도를 실효성 있게 운영하고 일반사회의 불안을 방지하기 위한 미결수용자의 서신에 대한 검열은 그 필요성이 인정된다. 서신의 발송 및 교부가 어느 정도 지연되었다고 하더라도 이는 교도소 내의 서신발송과 교부 등 업무처리과정에서 불가피하게 소요되는 정도에 불과할 뿐 교도소장이 고의로 발송이나 교부를 지연시킨 것이라거나 또는 업무를 태만히 한 것이라고 볼 수 없으므로, 통신의 자유를 침해되었다고 할 수는 없다.

(4) 전자우편 압수수색 사전통지 생략, 통신의 자유를 침해하는가?

전자우편 압수수색시 사전통지 생략(헌재 2011.12.27. 2011헌마225)(합헌)

전자우편이 제3자에게 공개됨으로 인하여 청구인들이 입게 되는 통신의 비밀 등의 침해는, 전자우편을 압수수색의 대상에서 제외하지 않은 형사소송법 제106조 제1항과 위 법률조항에 기하여 발부된 법원의 압수수색영장 및 그 집행에 의하여 발생하는 것이다. 즉 이러한 제한은 통신의 비밀 자체가 아니라 전자우편이 압수수색이라는 강제처분의 대상이 된다는 사실을 미리 통지받을 권리인바, 이는 압수수색집행에 있어 피의자의 기본권을 보장하기 위한 절차적 규정에 해당하여, 적법절차원칙의 위배 여부가 문제되지만, 통신의 자유와는 무관하다.

12 양심의 자유

양심의 자유가 보장하고자 하는 양심은 어떠한 종교관 · 세계관 또는 그 외의 가치체계에 기초하고 있는가와 관계없이, 모든 내용의 양심상의 결정이 보장된다. 사상(思想)은 종합된 체계적인 사람의 이성적 판단의 내용이라면, 양심(良心)은 개인의 주관적 자각의 내용이다. 이러한 개인의 내심적 양심을 외부에서 강요하거나 제한할 수는 없다. 예를 들어, 취직할 때 기업수행과 관계없다고 볼 수 있는 개인적인 양심과 신념까지도 신고를 시키는 것은 양심의 자유에 반한다. 독일 헌법은 양심의 자유에 관해 주목할 만한 규정을 두고 있다. 즉 "누구도 그 양심에 반해 집총병역을 강제 받지 아니한다. 자세한 상황은 연방법률에 의한다."(제4조제 3항)고 규정한다. 대신에 독일은 양심의 이유로 무기를 갖고 군무에 종사하는 것(집총병역)을 거부하는 자에게는 대체복무할 의무를 연방 법률로 부과한다. 독일에서는 이를 양심적 병역거부라고 밝히고 있다. 우리 헌법은 제19조에서 "모든 국민은 양심의 자유를 가진다."라고만 규정하고 있다. 최근 헌법재판소는 대체복무규정에 대하여 어떠한 규정을 하고 있지 않은 병역법규정에 대하여 헌법불합치 결정을 한 바 있다.

⊙ 헌법재판소 판례

(1) 양심적 집총거부는 대체복무로 병역의 의무를 다할 수 있는가?

양심적 병역거부에 대한 대체복무 미규정(헌재 2018. 6. 28. 2011헌바379)(헌법불합치)

현행 병역법까지의 병역법 제5조 제1항은 양심적 병역거부자에 대한 대체복무제를 규정하고 있지 않다. 병역의 종류를 현역, 예비역, 보충역, 병역준비역, 전시근로역의 다섯 가지로 한정하여 규정하고 양심적 병역거부자에 대한 대체복무제를 규정하지 아니한 병역종류조항은 과잉금지원칙에 위반한다. 양심적 병역거부자들은 병역의무를 단순히 거부하는 것이 아니라 자신의 양심을 지키면서도 국민으로서의 국방의 의무를 다할 수 있도록 집총 등 군사훈련을 수반하는 병역의무를 대신하는 제도를 마련해달라고 국가에 호소하고 있다. 따라서 단순히 군복무의 위험과 어려움 때문에 병역의무 이행을 회피하고자 하는 다른 병역기피자들과는 구별된다.

양심적 병역거부자들은 현재의 병역법에 의하여 형사처벌을 받게 되고 이후에도 공무원이 될 기회를 가질 수 없게 되는 등 여러 부가적 불이익마저 받게 된다. 그럼에도 불구하고 국가는 양심적 병역거부자들의 절박한 상황과 대안의 가능성을 외면하고 양심을 지키려는 국민에 대해 그 양심의 포기 아니면 교도소에의 수용이라는 양자택일을 강요하여 왔다. 국가에게 병역의무의 면제라는 특혜와 형사처벌이라는 두 개의 선택지밖에 없다면 모르되, 국방의 의무와 양심의 자유를 조화시킬 수 있는 제3의 길이 있다면 국가는 그 길을 진지하게 모색하여야 한다.

(2) 음주측정에 불응한 사람의 처벌은 양심의 자유를 침해하는가?

주취운전혐의자의 음주측정에 응할 의무(헌재 1997.3.27. 96헌가11)(합헌)

음주측정에 응해야 할 것인지, 거부해야 할 것인지 그 상황에서 고민에 빠질 수는 있겠으나 그러한 고민은 선과 악의 범주에 관한 진지한 윤리적 결정을 위한 고민이라 할 수 없으므로 그 고민 끝에 어쩔 수 없이 음주측정에 응하였다 하여 내면적으로 구축된 인간양심이 왜곡 · 굴절된다고 할 수도 없다. 음주측정요구와 그 거부는 양심의 자유의 보호영역에 포괄되지 아니하므로 헌법 제19조에서 보장하는 양심의 자유를 침해하는 것이라고 할 수 없다.

(3) 전부거부표시방법 없는 투표용지는 양심의 자유를 침해하는가?

공직선거에서의 '전부거부' 표시 금지(헌재 2007.8.30. 2005헌마975)(각하)

전부 '불신'의 표출방법을 보장하지 않아 청구인들이 투표를 하거나 기권할 수밖에 없다고 하더라도, 이는 양심의 자유에서 말하는 인격적 존재가치로서의 '양심'과 무관하다. 그러한 행위는 진지한 윤리적 결정에 관계된 것이라기보다는 공직후보자에 대한 의견의 표현행위에 관한 것이며 양심의 자유의 보호영역에 포함된다고 볼 수 없다.

(4) 재산명시의무 위반자 감치는 양심의 자유를 침해하는가?

재산명시의무 위반자에 대한 감치제도(헌재 2014.9.25. 2013헌마11)(기각)

채무자가 부담하는 행위의무는 강제집행의 대상이 되는 재산관계를 명시한 재산목록을 제출하고 그 재산목록의 진실함을 법관 앞에서 선서하는 것으로서, 개인의 인격형성에 관계되는 내심의 가치적 · 윤리적 판단이 개입될 여지가 없는 단순한 사실관계의 확인에 불과한 것이므로, 헌법 제19조에 의하여 보장되는 양심의 영역에 포함되지 않는다.

(5) 자동차 좌석안전띠 착용강제는 양심의 자유를 침해하는가?

자동차 좌석안전띠 착용강제(헌재 2003.10.30. 2002헌마518)(기각)

자동차를 운전하며 좌석안전띠를 맬 것인지의 여부에 대하여 고민할 수는 있겠으나, 그 고민 끝에 제재를 받지 않기 위하여 어쩔 수 없이 좌석안전띠를 매었다 하여 청구인이 내면적으로 구축한 인간양심이 왜곡 · 굴절되고 청구인의 인격적인 존재가치가 허물어진다고 할 수는 없다. 운전중 운전자의 좌석안전띠착용은 양심의 자유의 보호영역에 속하지 아니하므로 양심의 자유를 침해하는 것이라 할 수 없다.

(6) 선거운동기간 중 인터넷 실명확인은 양심의 자유 침해인가?

선거운동기간중 인터넷 실명확인제(헌재 2010.2.25. 2008헌마324등)(기각)

인터넷언론사의 공개된 게시판 · 대화방에서 스스로의 의사에 의하여 정당 · 후보자에 대한 지지 · 반대의 글을 게시하는 행위는 정당 · 후보자에 대한 단순한 의견 등의 표현행위에 불과하여 양심의 자유나 사생활 비밀의 자유에 의하여 보호되는 영역이라고 할 수 없으므로, 그 과정에서 실명확인 절차의 부담을 진다고 하더라도 이를 두고 양심의 자유나 사생활 비밀의 자유를 제한받는 것이라고 볼 수 없다.

13 종교의 자유

정치와 종교가 유착관계에 있던 전근대국가에서는 지배자에 의한 종교적 강제가 있었다. 국가 또는 지방공공단체가 종교의 재정원조를 받는다면, 정교는 밀착되어 국가는 물론 지방공공단체 등이 행하는 의식을 특정의 종교적 양식으로 행할 것은 자명하다. 근대 입헌주의가 종교의 자유를 보장한 것은 실질적 헌법의 보장을 위하여 당연한 귀결이었다.

종교의 자유는 신앙의 자유, 종교적 행위의 자유, 종교적 결사의 자유를 본질적 내용으로 한다. 신앙의 자유는 신앙고백을 강제하지 않을 자유, 무종교의 자유까지도 포함한다. 종교의 자유의 주체는 모든 자연인이다. 내국인만이 아니라 외국인도 그 주체성이 인정되는 인간의 권리이다. 법인의 경우에는 그 성질상 내심의 자유인 신앙의 자유의 주체는 될 수 없지만 종교적 행위의 자유의 주체는 될 수 있다.

우리 헌법은 제20조 제1항에서 "모든 국민은 종교의 자유를 가진다." 제2

항에서 "국교는 인정되지 아니하며, 종교와 정치는 분리된다."고 하여 종교의 자유와 국교부인 및 정교분리의 원칙을 규정하고 있다. 건국헌법에서는 종교의 자유를 양심의 자유와 함께 규정하였으나, 1962년 헌법에서부터 종교의 자유가 분리되었다.

⊙ 헌법재판소 판례

(1) 국가시험의 일요일 시행은 종교의 자유에 위반하는가?

사법시험 제1차시험의 일요일 시행(헌재 2001.9.27. 2000헌마159)(기각)

일요일에 예배행사 참석과 기도, 봉사행위 이외의 다른 업무를 일체 금지한다는 교리에 위반하지 않으면 국가시험 응시가 불가능하게 되어 종교적 확신에 반하는 행위를 강요하는 결과가 된다. 이전에 행정자치부장관이 사법시험 제1차 시험 시행일을 일요일로 정하여 공고한 바 있는데, 헌법재판소는 국가공무원법 제35조에 의하여 다수 국민의 편의를 위한 것이므로 이로 인하여 청구인의 종교의 자유가 어느 정도 제한된다 하더라도 이는 공공복리를 위한 부득이한 제한으로 보아야 할 것이므로 종교의 자유의 본질적 내용을 침해한 것으로 볼 수 없다고 판단한 바 있다. 그러나 이후에 행정자치부장관은 사법시험 제1차 시험을 일요일에 시행하지 않았다.

(2) 미결수용자 등 종교집회 참석불허는 위헌이다.

미결수용자 및 미지정 수형자 종교집회 참석제한(헌재 2014.6.26. 2012헌마782)(위헌)

이전에 미결수용자와 미지정 수형자 인원의 1/8에 불과한 출력수(작업에 종사하는 수형자)에게 매월 3~4회의 종교집회 참석 기회를 보장하는 반면, 미결수용자와 미지정 수형자에 대해서는 원칙적으로 매월 1회, 그것도 공간의 협소함과 관리 인력의 부족을 이유로 수용동별로 돌아가며 종교집회를 실시하여 실제 연간 1회 정도의 종교집회 참석 기회를 부여한 바 있다. 이는 미결수용자 및 미지정 수형자의 구금기간을 고려하면 사실상 종교집회 참석 기회가 거의 보장되지 않는 결과를 초래할 수도 있어, 종교의 자유를 과도하게 제한한다.

(3) 종교시설건축 기반시설부담금 제외는 종교의 자유 침해인가?

종교시설 기반시설부담금 부과제외(헌재 2010.2.25. 2007헌바131)(합헌)

종교의 자유에서 종교에 대한 적극적인 우대조치를 요구할 권리가 직접 도출되거나 우대할 국가의 의무가 발생하지 아니한다. 종교시설의 건축행위에만 기반시설부담금을 면제한다면 국가가 종교를 우대하는 것으로 비칠 소지가 있으나, 종교의 자유를 침해하는 것은 아니다.

(4) 종교단체의 학교설립인가제도는 종교의 자유를 위반하는가?

종교단체의 학교설립인가제도(헌재 2000.3.30. 99헌바14)(합헌)

종교교육이라 하더라도 그것이 학교나 학원이라는 교육기관의 형태를 취할 경우에는 교육법이나 학원법상의 규정에 의한 규제를 받게 된다고 보아야 할 것이므로 종교의 자유의 본질적 내용을 침해하는 것이 아니다. 또한 특정 종교를 우대하는 것도 아니므로 정교분리의 원칙을 위반한 것이라 할 수 없다.

(5) 해외 위난지역의 출국금지는 종교의 자유를 침해하는가?

테러위험이 있는 해외 위난지역으로의 출국 금지(헌재 2008.6.26. 2007헌마1366)(기각)

종교전파의 자유는 국민에게 그가 선택한 임의의 장소에서 자유롭게 행사할 수 있는 권리까지 보장한다고 할 수 없으며, 또한 선교행위가 제한된 것은, 국민의 국외 이전의 자유를 일시적으로 제한함으로써 부수적으로 나타난 결과일 뿐, 직접적으로 선교의 자유를 침해하였다고 보기도 어렵다.

14 학문·예술의 자유

학문의 자유

학문의 자유에는 학문을 연구 · 발표 · 교수하는 자유, 대학 · 연구기관의 자치를 포함한다. 학문은 진리를 탐구하는 지적 작업이다. 불합리한 정치체제는 그 유지를 위해 항상 진실의 폭로가 두려워 학문 연구를 탄압했다. 갈릴레이는 지동설 때문에 금서, 유폐 외에 사후 유해까지 박해를 받았다. 근대 계몽사상가들은 학문의 자유를 주장하였고, 18세기 시민혁명 이후에 그 보장을 받았다. 우리 헌법은 제22조 제1항에서 "모든 국민은 학문의 자유를 가진다."고 하여 학문의 자유를 보장하고 있다.

대학의 자치란, 대학에서 인사의 임면, 승진, 커리큘럼의 결정 및 실시, 재정운영 등에 관해 교육부 기타 외부의 지배를 받지 않는 것을 말한다. 대학은 학문연구의 중추기관이기 때문에 대학의 자치는 학문의 자유의 보장에 있어서 큰 부분이다. 다만, 학문의 자유는 대학에 재직하는 교수나 연구소의 연구원뿐만 아니라 모든 국민에게 보장되는 기본권이다. 우리 헌법은 제31조 제4항에서 "교육의 자주성 · 전문성 · 정치적 중립성 및 대학의 자율성"을 규정하여 보장하고 있다.

예술의 자유

예술의 자유는 창작활동을 자유로이 할 수 있는 예술창작의 자유, 창작한 예술품을 보호하고 이를 전시 · 공연 · 보급할 수 있는 예술표현의 자유, 예술활동을 위해 집회를 개최하고 결사를 조직할 수 있는 예술의 집회 · 결사의 자유를 내용으로 한다. 표현을 전제로 하지 않은 창작이란 있을 수 없기 때문에 예술작품이 공개를 요청받지만, 예술창작의 자유도 절대적 자유는 아니다. 국가안전보장, 질서유지 또는 공공복리를 위하여 필요한 경우 법률로써 제한할 수 있다.

예술의 자유는 전문가로서의 예술가에게만 인정되는 자유가 아니라 내국인 · 외국인을 막론하여 모든 인간에게 보장되는 인간의 권리이다. 예술의 자유는 개인적 권리에 그치는 것이 아니라 교향악단, 작가협회 등과 같은 법인이나 법인 아닌 단체도 예술의 자유의 주체가 된다. 우리 헌법은 제22조 제1항에서 "모든 국민은 학문과 예술의 자유를 가진다."고 규정하여 예술의 자유를 보장하고 있다.

⊙ 헌법재판소 판례

(1) 사립학교법인은 학문의 자유의 주체인가?

사립학교법인의 학문의 자유의 주체성(2001.1.18. 99헌바63)(합헌)

학교법인은 사립학교만을 설치·경영함을 목적으로 하는 법인인 만큼 사립학교의 교원이나 교수들과 달리 법인 자체가 학문활동이나 예술활동을 하는 것으로 볼 수는 없고, 학교교육에 필요한 시설과 설비를 갖추고 그 운영에 필요한 재산을 실효적으로 확보하는 데 역점이 있어 오히려 국민의 교육을 받을 권리를 적극적으로 보장하는 규정이다.

(2) 대학의 자치의 주체는 누구인가?

대학의 자치의 주체(2006.4.27. 2005헌마1047등)(기각)

대학의 자치의 주체를 기본적으로 대학으로 본다고 하더라도 교수나 교수회의 주체성이 부정된다고 볼 수는 없고, 가령 학문의 자유를 침해하는 대학의 장에 대한 관계에서는 교수나 교수회가 주체가 될 수 있고, 또한 국가에 의한 침해에 있어서는 대학 자체 외에도 대학 전구성원이 자율성을 갖는 경우도 있을 것이므로 문제되는 경우에 따라서 대학, 교수, 교수회 모두가 단독, 혹은 중첩적으로 주체가 될 수 있다.

(3) 국립대학교 총장선출의 직선제는 대학의 자치영역인가?

국립대학 교수들의 총장선출(헌재 2006.4.27. 2005헌마1047등)(기각)

전통적으로 대학자치는 학문활동을 수행하는 교수들로 구성된 교수회가 누려오는 것이었고, 현행법상 국립대학의 장 임명권은 대통령에게 있으나,

1990년대 이후 국립대학에서 총장 후보자에 대한 직접선거방식이 도입된 이래 거의 대부분 대학 구성원들이 추천하는 후보자 중에서 대학의 장을 임명하여 옴으로써 대통령이 대학총장을 임명함에 있어 대학교원들의 의사를 존중하여 온 점을 고려하면, 대학총장 후보자 선출에 참여할 권리가 있고 이 권리는 대학의 자치의 내용에 포함된다.

(4) 서울대 총장 간접선출은 대학의 자치에 위반하는가?

서울대 법인화와 총장 간접선출(헌재 2014.4.24. 2011헌마612)(기각)

대학의 총장 후보자 선정과 관련하여 대학에게 반드시 직접선출 방식을 보장하여야 하는 것은 아니며, 다만 대학교원들의 합의된 방식으로 그 선출방식을 정할 수 있는 기회를 제공하면 족하다. 이사회로 하여금 교직원이 참여하는 총장추천위원회에서 추천한 후보자 중에서만 총장을 선출하도록 하고 있으므로 단순 임명제와는 달리 교직원의 의사가 어느 정도 반영되고 있고, 또한 총장추천위원회의 운영에 관하여 구체적인 사항을 정관에서 정하도록 위임하여 경우에 따라서는 직접선거와 유사한 방식을 채택할 가능성도 열어놓고 있다. 총장 선출에 관한 교원들의 권리를 박탈하였다고 할 수 없다.

(5) 학교환경위생정화구역 극장설치금지는 예술의 자유 침해인가?

학교환경위생정화구역안에서의 극장설치 금지(헌재 2004.5.27. 2003헌가1등)(위헌, 헌법불합치)

예술의 자유는 예술창작품을 표현하는 예술표현의 자유를 포함한다. 극장의 자유로운 운영에 대한 제한은 공연물, 영상물이 지니는 표현물, 예술작품으로서의 성격에 기하여 표현의 자유 및 예술의 자유의 제한효과도 가지고 있음을 부인할 수 없다. 입법자는 예술의 자유의 보장과 공연장 및 영화상영관 등이 담당하는 문화국가형성의 기능의 중요성을 간과하고 학교교육의 능률성의 보호라는 입법목적의 측면만을 지나치게 강조함으로써 상충하는 여러 가지 이익을 적절하고 공정하게 형량하여 규율하였다고 보기 어렵다. 따라서 학교환경위생정화구역안에서의 극장설치 금지는 예술의 자유를 과도하게 제한하는 것이다.

15 언론·출판·집회·결사의 자유

헌법 제21조 제1항은 모든 국민은 언론 · 출판의 자유와 집회 · 결사의 자유를 가진다고 규정하고 있는데 이를 표현의 자유라고 한다. 표현의 자유는 자신의 사상이나 의견을 자유롭게 표명할 자유 즉, 발표의 자유와, 그것을 전파할 자유 즉, 전달의 자유를 포함하고 있다. 표현의 자유는 민주사회에서 없어서는 안 되는 매우 중요한 기본권이다. 민주정치를 실현하기 위해서는 사회 구성원이 자신의 사상과 의견을 자유롭게 표현할 수 있는 열린 공간이 확보되어야 한다. 민주주의는 사회의 다양한 의견이 자유롭게 교환되고 비판과 토론이 활발하게 이루어질 때, 비로소 그 꽃을 피울 수 있는 것이기 때문이다.

표현의 자유가 보호하는 의사표현의 형태와 전파의 수단에는 제한이 없다. 연설이나 영화 · 소설 · 사진 등 모든 형태의 의사표현은 보호의 대상이 된다. 또한 표현의 자유는 집단적 의사표현을 통해 불특정 다수의 사람에게 영향을 미치는 집회의 자유 역시 포함한다. 표현의 자유 가운데 정치적 표현의 자유 특히 선거의 과정에서 자유롭게 의사를 표현할 자유로서 선거운동의 자유는 국민주권과 대의민주주의의 실현에 중요한 의미가 있다. 또 집회를 통한 의사표현은 선거와 선거 사이에 국민과 대표 사이의 거리가 좁혀질 수 있도록 하는 수단이 된다는 점에서 민주적 공동체 발전을 위해 필수적인 기본권이다.

표현의 자유가 보장된다 하더라도 타인의 명예나 권리 또는 공중도덕이나 사회윤리를 침해하여서는 아니 된다. 언론 · 출판이 타인의 명예나 권리를 침해한 때에는 피해자는 이에 대한 피해의 배상을 청구할 수 있다(헌법 제21조 제4항). 다만, 국민의 모든 자유와 권리는 국가안전보장 · 질서유지 또는 공공복리를 위하여 필요한 경우에 한하여 법률로써 제한할 수 있으며, 제한하는 경우에도 자유와 권리의 본질적인 내용을 침해할 수 없다(헌법 제37조 제2항). 그러한 제한은 명확한 법률에 따라야 하고 과잉금지원칙 등 헌법이 규정하고 있는 제한의 한계를 준수해야 한다(명확성의 원칙, 과잉금지의 원칙).

⊙ 헌법재판소 판례

(1) 한밤중에 시위하면 안 되는가?

야간시위금지(헌재 2014.3.27. 2010헌가2등)(한정위헌)

2008년 6월 서울 세종로에서 있었던 미국산 쇠고기 수입반대시위는 늦은 밤까지 이어졌다. 이 시위에 참여하던 A는 밤 10시경 집회 및 시위에 관한 법률을 위반하였다는 이유로 현행범으로 체포되었고, 이후 기소되어 형사재판을 받게 되었다. A가 체포 · 기소된 이유는 야간에 시위를 금지하고 이를 위반하면 처벌하는 법률조항 때문이었다. A는 아무리 질서유지가 중요하다해도 조명이 밝은 도시 한복판에서 밤 10시 정도면 위험한 심야시간도 아닌데 야간에 시위를 전면적으로 금지하고 있는 것은 지나치다고 생각하였다. 과연 이와 같은 야간시위 금지조항은 헌법에 위반되는가?

시위란 다수인이 공동의 목적을 가지고 도로 등 공공장소를 행진하거나 위력 또는 기세를 보여 불특정한 여러 사람의 의견에 영향을 주거나 제압을 가하는 행위를 말한다. 시위는 집단적 의사표현의 하나이므로 집회의 자유에 의하여 보호된다. 해가 뜨기 전이나 해가 진후의 시위를 전면금지하는 야간시위금지 조항은 집단적 의사표현에 대한 시간적 제약으로서 집회의 자유를 제한하는 것이다. 야간은 시민들의 평온이 강하게 요청되는 시간이므로 시민들의 주거 및 사생활의 평온을 보호하고 사회질서를 유지하기 위해 다수인의 집단적 행동을 수반하는 시위를 규제할 필요성이 있다.

그런데 야간에 시위를 전면적으로 금지하게 되면 낮 시간에 직장에서 일하는 직장인이나 학교에서 공부해야 하는 학생의 경우, 평일에는 사실상 시위에 참가할 수 없게 된다. 하루 일과를 마치고 퇴근하거나 하교할 시간이면 날이 어두워지기 때문이다. 이것은 집회의 자유를 실질적으로 박탈하는 결과를 초래한다. 또한 도시화 · 산업화가 진행된 현대사회에서는 해가진 후라 해도 일정한 시간 동안에는 낮 시간 동안 하던 활동이 계속되는 것이 일반적이다. 특히 도심지의 경우 심야에 이르기까지 주변의 조명이 충분하여 일상생활에 지장이 없다. 그럼에도 불구하고 해가 뜨기 전이나 해가 진후라는 광범위한 시간대에 시위를 전면적으로 금지하는 것은 집회의 자유를 지나치게 침해하는 것이다. 따라서 야간시위 금지조항은 이미 일상생활이 보편화 된 야간의 범위에 속하는 해가 진후부터 같은 날 24시까지의 시위에 적용하는 한 집회의 자유를 침해하여 헌법에 위반된다.

(2) 교복 입은 성인아동 공유하면 안 되는가?

교복 입은 성인음란물 공유금지(헌재 2015.6.25. 2013헌가17등)(합헌)

A의 취미는 야동감상이다. A는 교복을 입은 성인여성이 등장하는 야동을 입수한 후 인터넷 파일공유 사이트에 업로드 하였다. A는 아동 · 청소년이용 음란물을 배포했다는 이유로 기소되어 형사재판을 받게 되었다. A는 자신이 퍼뜨린 동영상에는 아동 · 청소년이 나오지 않는데도 처벌하는 것은 표현의 자유의 침해라고 생각하였다. A에게 적용된 처벌 조항은 헌법에 위반되는 것인가?

범죄와 처벌을 규정하는 법률은 아주 명확하게 규정되어야 하는데, 이를 죄형법정주의의 명확성의 원칙이라고 한다. A씨에게 적용된 법률조항은 '아동 · 청소년으로 인식될 수 있는 사람이나 표현물이 등장하는 음란물'의 배포를 금지하고, 이를 위반하면 처벌하도록 하고 있다. 여기에서 아동 · 청소년으로 인식될 수 있는 사람이란 단지 어려보이거나 교복 입은 사람을 말하는 것이 아니다. 일반인의 입장에서 영상을 통해 주어진 여러 정보를 종합해 보면 실제 아동 · 청소년으로 오인하기 충분한 사람을 말한다. 또 아동 · 청소년으로 인식될 수 있는 표현물이란 그림이나 그래픽 등을 통해 아동 · 청소년을 구현한 것을 의미한다. 이러한 사람이나 표현물을 이용한 음란물은 아동 · 청소년에 대한 비정상적 성적 충동을 일으켜 아동 · 청소년을 대상으로 한 성범죄를 유발할 우려가 있는 수준의 것으로 한정된다. 그렇다면 A에게 적용된 법률조항의 의미는 불명확하다고 볼 수 없으므로 죄형법정주의의 명확성원칙에 위반되지 않는다.

(3) 선거기간에는 인터넷에 글 올릴 때 실명인증 해야 하나?

선거기간 중 인터넷실명제(헌재 2015.7.30. 2012헌마734등)(기각)

A는 18대 대통령선거운동기간 중 평소 즐겨 찾는 B 인터넷신문 홈페이지 게시판에 특정 후보자에 대한 지지의 글을 올리려고 했으나 실명확인을 요청하는 표시를 보고 누가 자신을 알아볼까 두려워 글을 올릴 수 없었다. A는 평소에는 실명확인 없이 게시판에 글을 올릴 수 있었는데, 왜 갑자기 실명확인을 요구하는 이유에 대해 B신문사에 문의하였다. B신문사는 A에게 B신문사도 실명확인을 하고 싶지는 않지만 공직선거법상 인터넷 언론사는 선거운동기간 중 정당이나 후보자에 대한 지지 반대의 글을 올리는 사람의 실명확인을 할 의무가 있다고 알려주었다. A는 후보자에 대한 지지나 반대하는 글을 올리는데 실명을 먼저 밝히라고 요구하는 것은 부당하다는 생각이 들었다. B신문사도 언론사의 자유가 침해되고 있다는 의견이다. 이와 같은 공직선거법상 실명확인 조항은 A와 B신문사의 기본권을 침해하는 것일까?

자신의 신원을 누구에게도 밝히지 아니한 채 익명으로 정치적 사상이나 견해를 표명하고 전파할 자유는 표현의 자유에 의해 보호된다. 공직선거법상 실명확인 조항은 글을 쓴 사람의 신원을 대중에게 표시하도록 한 것은 아니지만, 인터넷언론사에게 게시판이용자의 실명확인 의무를 부과함으로써 인터넷 언론사의 언론의 자유와 게시판 이용자의 정치적 익명표현의 자유를 제한한다. 그런데 선거운동기간 중에는 인터넷언론사의 게시판을 통해서 정당과 후보자에 대한 인신공격과 흑색선전이 난무하는 경우가 많고, 언론사의 공신력과 지명도에 힘입어서 신속하고 광범위하게 전파될 수 있다. 이러한 정보의 왜곡은 사후적 구제가 어렵다. 따라서 선거의 공정성확보를 위한 규제가 필요하다. 공직선거법상 실명확인 조항은 실명확인이 필요한 기간을 선거일 직전 13일에서 22일 정도로 비교적 짧은 선거운동기간으로 한정하고 있다. 이 선거운동기간은 선거의 공정성이 가장 절실히 요구되는 시기이다. 또한 그 적용대상을 인터넷언론사 홈페이지의 게시판 · 대화방 등에 정당 후보자에 대한지지 반대의 정보를 게시하는 경우로 제한하고 있다. 따라서 공직선거법상 실명확인 조항은 A의 정치적 익명표현의 자유나 B신문사의 언론의 자유를 침해하지 않아 헌법에 위반되지 않는다.

(4) 국가를 모독하는 행위, 처벌해야 하나?

국가모독행위 처벌(헌재 2015.10.21. 2013헌가20)(위헌)

1977년 유신시절, 대한민국은 독재국가, 인권탄압으로 억압당하고 있는 국민이라는 내용의 시를 쓴 시인 A가 국가모독죄로 기소되어 징역 3년을 선고받았다. 시인 A에게 적용된 국가모독죄 조항은 헌법에 위반되는 것일까?

국가 모독죄 조항은 대한민국을 모욕 또는 비방하거나 그에 관한 사실왜곡 또는 허위사실을 유포하거나 기타 방법으로 대한민국의 안전 · 이익 또는 위신을 해하거나 해할 우려가 있는 행위를 처벌하는 것이다. 이것은 국민의 표현행위를 제한하는 것이다. 그런데 국가모독죄 조항에서 규정하는 '기타 방법', 대한민국의 '이익'이나 '위신' 등과 같은 개념은 그 의미가 불명확하고 적용범위가 지나치게 광범위하다. 특히 대한민국의 이익이나 위신을 실제로 해한 경우 외에 '해할 우려'가 있는 행위까지도 그 처벌대상에 포함시키고 있는데, 그렇게 되면 정치적 · 학술적 토론과정에서 사용된 일부 부정적인 언어나 정치적 · 사회적 사안에 관한 비판 현실세태를 빗댄 풍자나 해학을 담은 문학적 표현마저도 형사처벌의 대상이 될 가능성이 있다.

국가의 위신 훼손을 이유로 한 형사처벌은 자유로운 비판과 참여를 보장하는 민주주의 정신에 위배된다. 또한 국가정책에 대한 허위사실의 유포나 악의적인 왜곡과 비방이 있는 경우에는 국가 스스로 진상을 밝히고 제대로 된 정보를 제공하는 방법으로 국가의 안전, 이익, 위신을 충분히 보전할 수 있다. 따라서 획일적으로 형사처벌을 하여 국민의 표현행위를 규제해서는 안 된다.

결국 국가모독죄 조항은 과잉금지원칙에 위배되어 표현의 자유를 침해하여 헌법에 위반된다.

(5) 미리 심사받지 않으면 영화 상영을 못하는가?

영화 사전심의(헌재 1996.10.4. 93헌가13등)(위헌)

1992년 영화사 대표 A는 전교조 가입교사의 해직문제를 다룬 영화 '닫힌 교문을 열며'를 제작하여 공연윤리위원회의 사전심의를 받지 않고 상영을 했다. 당시 영화법에는 영화 상영 전에 공연윤리위원회의 사전심의를 받도록 하고 이를 위반하는 경우, 형사처벌에 처하는 규정이 있었다. A는 사전심의 조항 위반혐의로 형사재판을 받게 되었고, A는 공연윤리위원회의 사전심의에 따라 영화 상영 여부가 결정되는 것은 표현의 자유를 보장하기 위해 헌법에 규정된 검열금지원칙에 위반된다고 생각했다. 과연 영화사 대표 A에게 적용된 사전심의 조항은 헌법에 위반되는가?

영화법상 사전심의 조항은 영화를 표현수단으로 하는 언론 · 출판의 자유를 제한하고 있다. 언론 · 출판의 자유는 다른 기본권과 마찬가지로 국가안전보장 · 질서유지 또는 공공복리를 위하여 필요한 경우에 한하여 법률로써 제한할 수 있다(헌법 제37조 제2항). 그러나 우리 헌법은 언론 · 출판의 자유의 중요성을 고려하여 검열을 수단으로 한 제한만큼은 법률로써도 허용되지 않음을 명시하고 있다. 명칭이나 형식에 관계없이 행정권이 주체가 되어 사상이나 의견 등이 발표되기 이전에 그 내용을 심사, 선별하여 발표를 사전에 억제하는 즉, 허가받지 아니한 것의 발표를 금지하는 제도라면 모두 헌법상 금지되는 검열에 해당한다. 이 사건에서 심의기관인 공연윤리위원회는 형식적으로는 민간인으로 구성된 자율적인 기관이지만 그 구성에 행정권이 지속적인 영향을 미칠 수 있으므로 실질적으로 검열기관으로 보아야 한다.

영화법상 영화 사전심의제도는 공연윤리위위원회가 영화 상영에 앞서 그 내용을 심사하여 심의기준에 적합하지 않은 영화에 대하여는 상영을 금지할 수 있도록 하고 심의를 받지 않고 영화를 상영할 경우에는 형사처벌까지도 가능하게 한 것이다. 이것은 명백히 헌법이 금지한 검열제도를 채택한 것이다. 따라서 이 사건에서 문제된 사전심의 조항은 검열금지원칙에 위반하여 표현의 자유를 침해한 것으로 헌법에 위반된다.

우리 헌법은 언론·출판에 대한 검열을 금지하고 있다. 그렇지만 이것은 모든 종류의 사전심사를 금지하는 것은 아니다. 예를 들어 '전체관람가', '청소년관람불가' 등 영화에는 상영등급이 정해져 있는데, 이러한 상영등급도 영화에 대한 사전심사절차를 거쳐 결정된다. 영화는 일단 상영되면 파급효과가 매우 크기 때문에 음란물이나 폭력물로부터 청소년을 보호하기 위해서 영화 상영 전에 심사와 규제를 할 필요성이 있다. 영화의 상영으로 인한 실정법 위반의 가능성을 사전에 차단하고 청소년에 대한 상영이 부적절한 경우 이를 유통단계에서 효과적으로 관리할 수 있도록 미리 상영등급을 심사·결정하는 것 자체는 사전검열에 해당하지 않는다. 다만 상영등급을 심의하는 기관의 구성에 행정권이 지속적인 영향을 미치고 심의기관이 등급분류를 보류하는 등의 방법으로 실질적으로 영화상영을 금지할 수 있다면 그러한 사전심사제도는 검열에 해당하여 헌법에 위반된다.

(6) 직원이 5명은 넘어야 언론사인가?

인터넷신문, 5명이상 의무고용(헌재 2016.10.27. 2015헌마1206등)(위헌)

A는 B인터넷 신문사의 대표이다. B인터넷 신문은 취재기자 2명을 포함하여 전체 직원은 3명에 불과하지만 유능한 취재기자와 편집인을 둔 잘 알려진 인터넷 신문사이다. 어느 날 A는 광역시장으로부터 취재 및 편집인력 5명 이상을 고용해서 1년 이내에 재등록하지 않으면 인터넷 신문사업 등록을 취소한다는 공문을 받았다. A는 취재 및 편집인력을 늘리라고 강제하는 것은 언론사로서의 역할을 어렵게 하는 것이고 인터넷 신문을 통해 사회 각계의 목소

리를 대변할 수 있는 기회를 상실시키는 것이라고 생각했다. B신문사에 적용된 의무고용 조항은 B인터넷 신문사의 기본권을 침해하는 것일까?

언론의 자유에 의해 보호되는 활동은 정보의 획득에서부터 뉴스와 의견의 전파에 이르기까지 언론의 기능과 본질적으로 관련되는 모든 활동이다. 인터넷신문사에 대한 의무고용조항은 인터넷신문의 발행을 제한하는 효과를 가지고 있으므로 언론의 자유를 제한한다. 의무고용조항은 취재 및 편집역량을 갖춘 인터넷신문만 등록하게 함으로써 부정확한 보도의 폐해를 막고 인터넷신문의 언론의 신뢰성 및 사회적 책임을 제고하기 위한 것이다. 그런데 인터넷신문의 부정확한 보도의 폐해는 신문법이나 언론중재법 등을 통해 충분히 방지할 수 있다. 시 · 도지사는 신문법을 위반한 인터넷신문에게 발행정지를 명하거나 법원에 등록취소를 청구할 수 있다. 또한 언론으로부터 피해를 입은 사람은 언론중재법에 따라 정정보도 청구, 반론보도 청구 등을 할 수 있다. 또한 인터넷기사의 질이 저하되고 그로 인한 폐해가 발생하는 것이 신문의 취재 및 편집인력이 부족하여 발생하는 것이라고 단정하기는 어렵다. 오히려 그러한 폐해는 인터넷신문의 유통이 주요 포털사이트 검색에 의존하는 구조적인 문제 때문에 발생한다. 많은 인터넷신문사들이 인터넷 포털의 노출빈도를 높이기 위해 자극적인 기사를 반복적으로 쏟아내고 있기 때문이다. 따라서 B인터넷신문사에 적용된 의무고용조항은 B인터넷신문사의 언론의 자유를 침해하여 헌법에 위반된다.

표현의 자유는 자신의 생각과 의견을 외부에 자유롭게 표출하고 타인과 소통하는 것을 보장해 스스로의 인격을 발현하는 가장 직접적인 수단인 동시에 우리 사회가 민주적으로 성장하기 위한 원동력이다. 이러한 표현의 자유는 자유민주주의의 존립과 발전에 반드시 필요한 기본권이기 때문에 최대한 보장되어야 한다.

16

알기 쉬운 교양 헌법 · **PART 02 기본권**

재산권, 경제생활, 직업의 자유

우리나라의 재산권 및 경제생활은 개인과 기업의 경제상의 자유와 창의를 존중하는 바탕위에 서있다. 개인과 기업은 각종 물건이나 서비스의 자유롭게 거래하고 소득을 얻기 위한 활동이나 영업활동의 자유가 있다. 또 이를 통해 재산을 취득하고 자신이 원하는 방법으로 사용하거나 처분할 수도 있다. 다만 국가는 다양한 사회적 과제를 실현하기 위해 경제에 관한 규제와 조정을 할 수 있다(헌법 제119조 제2항).

첫째, 재산권의 보장이다. 재산권이 보장됨으로써 개인은 경제활동을 통해 취득한 재산을 소유하고 사용하며 그로부터 이익을 얻을 수 있고 타인에게 팔거나 빌려줄(처분) 수 있다. 한편 개인이 자신의 재산을 이용하거나 처분하는 것이 국민 다수의 생활에 큰 영향을 미치는 경우에는 공익을 위해 재산권이 제한될 수 있다. 그리고 도로를 신설하기 위해 부지를 수용하는 것과 같이 공공필요에 의해 법률로써 재산권을 박탈하는 수용 등의 경우에는 정당한 보상이 있어야 한다(헌법 제23조 제3항).

둘째, 계약의 자유이다. 각종 물건이나 서비스를 사고파는 활동은 기본적으로 사람들 사이의 합의 즉, 계약에 따라 이루어진다. 일상생활에서 계약을 체결할 것인지, 누구와 어떤 방식으로, 어떤 내용의 계약을 체결할 것인지는 계약을 하는 당사자의 자유에 맡겨져 있다. 이러한 계약의 자유는 일반적인 행동의 자유에 당연히 포함되어 있고 행복추구권(헌법 제10조)에 의하여 보장된다.

셋째, 직업의 자유이다. 직업은 생활에 필요한 것들을 마련하는 계속적인 활동인데, 직업활동은 개인의 인격을 실현하는 의미도 있다. 우리 헌법은 직업선택의 자유를 보장하고 있고(헌법 제15조), 여기에는 자신이 원하는 직업을 자유롭게 선택하는 것뿐만 아니라 선택한 직업을 자신이 원하는 방식으로 수행할 자유도 포함되어 있다. 직업의 자유도 다른 기본권들처럼 헌법 제37조 제2항의 과잉금지원칙에 따라 제한될 수 있다.

⊙ 헌법재판소 판례

(1) 비정규직은 2년 이상 근무를 못하는가?

기간제 근로자의 사용기간(헌재 2013.10.24. 2010헌마219등)(합헌)

전자회사에서 비정규직 생산직 사원으로 근무한 A는 계약기간 2년이 되는 날 회사로부터 계약갱신을 거절당했다. 유통회사에서 비정규직 사원으로 근무했던 B는 계약기간 약 7년 2개월이 되는 날, C도 계약기간 약 9년 2개월 회사로부터 계약갱신을 거절당했다. 사용자가 기간제 근로자를 2년 이상 사용할 수 없도록 규정한 법률조항이 시행되었기 때문인데, A 등은 근로기간을 마음대로 정할 수 없게 만든 법률조항 때문에 오히려 더 피해를 입었다는 생각이 들었다. A 등의 계약갱신 거절의 원인이 된 법률조항은 이들의 기본권을 침해하는 것일까?

일반적으로 고용관계는 사용자와 근로자 사이에 근로계약으로 정해진다. 근로계약은 근로기간을 정하지 않은 형태로도 가능하지만 근로기간을 한정하는 형태로도 가능한데, 이 때 근로기간은 사용자와 근로자 사이의 자유로운 합의로 정하는 것이 원칙이다. 그런데 A 등에게 적용된 법률조항은 근로기간을 정할 때는 일정한 한도 안에서만 정하도록 했기 때문에 근로자의 계약의 자유를 제한한다고 볼 수 있다. 그런데 근로기간을 한정하는 근로계약을 제한 없이 허용할 경우 일반적인 근로자의 입장에서는 반복적으로 단기의 근로계약체결을 강요당하더라도 거부할 수 없을 것이므로 불안정고용이 증가하고 비정규직과 정규직의 격차가 심화될 것이다. 이러한 상황을 방지하기 위해서는 기간제 근로자를 일정기간 동안만 사용하도록 하고 그 기간을 넘어서 근로자를 사용하는 경우, 무기 계약직으로 전환하도록 유도할 필요가 있다. 이러한 제한은 고용불안의 해소와 근로조건의 개선을 위해 불가피하고 현실적으로 고용안정에 기여하고 있다. 따라서 문제된 법률조항이 A 등의 계약의 자유를 지나치게 침해한다고 볼 수 없다.

(2) 신축 종합쇼핑몰시설, 20년 넘는 임대는 무효인가?

건물 임대차의 존속기간(헌재 2013.12.26. 2011헌바234)(위헌)

S주식회사는 낡은 기차역 토지를 수용하고 있다. S주식회사는 이 땅에 종합쇼핑센터를 지으면서 건물신축비용을 우선 임대료 수입으로 충당하려는 계획을 세웠다. 그리고 A주식회사에게 신축건물을 30년 동안 임대하기로 하면서 750억 원의 임대료를 지급받았다. 임차인인 A주식회사는 계약에 따라 임대료를 지급했지만 종합쇼핑몰 운영수입이 당초 예상처럼 높지 않을 것으로 판단되자 임대료가 너무 부담이 되었다. A주식회사는 민법에서 원칙적으로 임대기간을 20년 이내로 하도록 규정한 것을 보고 S주식회사에게 계약기간 중 20년이 넘는 부분은 민법에 위반되어 무효라고 주장하였다. S주식회사

는 임대기간은 임대인과 임차인이 자유롭게 정하는 것이 아닌지 의문을 표시했는데, 임대기간을 20년으로 한정한 민법 조항은 헌법에 위반되는가?

임대차계약의 당사자는 계약내용의 하나로서 임대차기간을 자유롭게 정할 수 있다. 그러므로 민법에서 임대차 기간의 상한을 원칙적으로 20년으로 규정한 것은 임대인과 임차인의 계약의 자유를 제한하는 것이다. 물론 계약의 자유가 절대적인 것은 아니기 때문에 공공복리 등을 위해서 필요한 범위 내에서 제한하는 것은 가능하다. 그렇지만 이 사건에서 문제된 민법 조항은 입법취지가 불명확하고 설령 그 취지가 임차물의 관리소홀과 가치하락을 방지하기 위한 것이라 하더라도 필요한 범위를 넘는 제약을 규정하고 있다. 이러한 규제는 1958년 민법 제정 당시에 비해 현저하게 달라진 현재의 사회경제적 현상을 제대로 반영하지 못할 뿐만 아니라, 양 당사자가 20년이 넘는 임대차를 원할 경우 우회적인 방법을 취할 수밖에 없도록 하여 자율적인 거래를 왜곡하게 된다. 따라서 계약의 자유를 과도하게 침해하여 헌법에 위반된다.

(3) 사장이 무면허운전 했다고 회사가 문을 닫아야 하나요?

임원의 형선고와 법인의 건설업등록말소(헌재 2014.4.24. 2013헌바25)(위헌)

건설회사 D는 건설업등록기간이 지나자 관할 도지사에게 건설업 등록기준에 관한 사항을 신고하였다. 관할 도지사는 D회사 대표이사 A가 무면허운전으로 징역 4월에 집행유예 2년을 선고받은 것이 결격사유에 해당한다고 신고를 반려했다. 몇 달 후 D회사는 A를 대표이사에서 해임하고 B를 대표이사로 선임하였다. 하지만 관할 도지사는 등록결격사유가 있다는 것을 안 날로부터 3개월이 지난 후에야 대표이사를 새로 선임하였다는 이유로 D회사의 건설업 등록을 말소하였다. D회사는 회사 임원이 건설업과 관련이 없는 범죄로 형사처벌을 받았는데도 건설업 영업권을 박탈한 것은 지나치다는 입장이다. D회사의 주장처럼 건설회사의 임원이 일정한 형사처벌을 받은 경우, 그 사유를 안 날부터 3월 이내에 해당 임원을 바꾸어 선임하지 않으면 건설업등록을 반드시 말소하도록 한 것은 헌법에 위반되는 것일까?

D회사에 적용된 등록말소 조항은 범죄를 저지르고 형사처벌을 받은 임원이 3개월을 넘어 계속하여 재직하는 경우 건설업등록을 말소하도록 하고 있다. 이것은 건설회사가 누구를 임원으로 하여 회사를 운영할지에 관한 직업수행의 자유를 제한한다. 이 조항의 목적은 건설업자의 자질을 보장하고 건설업자가 관련법규를 잘 준수하도록 하여 부실시공을 방지하려는 것이다. 하지만 임원이 저지른 범죄가 어떤 종류의 것인지, 얼마나 중대한 것인지를 묻지 않고 건설업등록을 말소하도록 한 것은 지나친 제재이다. 해당 임원이 건설업과 관련한 범죄를 저지른 경우에 그를 업무에서 배제하도록 하고 이에 따르지 않을 경우 행정상 제재를 가하는 방법으로도 건설업자의 자질은 보장될 수 있다. 따라서 이 사건에서 문제된 건설업등록 말소 조항은 그 취지가 정당하다 하더라도 건설회사의 직업수행의 자유를 과도하게 침해하여 헌법에 위반된다.

(4) 취업도 전관예우인가?

공공기관 종사자의 퇴직 후 취업제한(헌재 2014.6.26. 2012헌마331)(위헌)

A와 B는 금융감독원 4급 선임조사역에 재직 중인 직원들이다. A와 B는 조만간 퇴직 후 금융기관에 취업하여 자신이 담당했던 업무와 관련된 전문성을 살려서 일하려는 계획을 갖고 있다. 그러나 A와 B는 퇴직일부터 2년간 퇴직 전 5년 동안 소속했던 부서의 업무와 밀접한 관련이 있는 일정 규모 이상의 사기업체 등에는 원칙적으로 취업할 수 없도록 하는 법률규정에 따라 취업에 제한을 받게 되었다. A와 B는 퇴직 이후의 인생계획을 어떻게 세워야 할지,

새로운 직장을 어찌 구해야 할지 막막해 졌는데, A와 B 등의 취업을 제한하는 법률조항은 이들의 기본권을 침해하는 것일까?

금융감독원의 4급 이상의 직원이 퇴직한 이후 업무관련성이 있는 사기업체 등에는 원칙적으로 취업할 수 없도록 하는 것은 직업선택의 자유를 제한하는 것이다. 그렇지만 이러한 취업제한은 금융감독원의 직무가 공정하게 이루어지도록 하고 건전한 금융질서를 확보하기 위한 것이다. 금융감독원 직원이 퇴직한 이후에 취업할 생각을 가지고 특정업체에 특혜를 부여하거나 재취업한 업체를 위해서 재직 중에 취득한 기밀 또는 정보를 이용하는 일이 없도록 하려는 것이다. 또한 재직했던 부서에 부당한 영향력을 행사하는 것도 사전에 방지할 필요성이 있다. A와 B 등에게 적용된 법률은 취업이 제한되는 사기업체의 범위를 한정하고, 취업제한의 대상자를 4급 이상 직원으로, 취업 제한 기간을 퇴직 후 2년으로 한정했을 뿐만 아니라, 예외적으로 공직자윤리위원회의 승인을 얻어 취업할 수도 있게 함으로써 불필요한 제한을 방지하고 있다. 따라서 문제된 법률조항은 필요한 범위를 넘어 A와 B 등의 직업선택의 자유를 침해하지 않는다.

(5) 순간의 잘못으로 10년간 의사를 못한다?

성범죄자의 의료기관 취업제한(헌재 2016.3.31. 2013헌마585등)

A는 대학도서관에서 낮잠을 자고 있는 여학생을 추행하여 준 강제추행죄로 벌금형의 약식명령을 받았다. 이후 A는 공중보건의사로 임용되어 지방병원에서 근무하게 되었는데, 경찰서장으로부터 법률상 성범죄자는 처벌을 다 받은 뒤에도 10년 동안은 의료기관을 개설하거나 의료기관에 취업할 수 없다는 통보를 받았다. 이후 A의 근무지는 지역 소방안전본부로 변경되었다. A는 자신의 잘못은 인정하지만 구체적인 내용이나 죄질을 따지지 않고 무조건 10

년 동안 의료기관 개설이나 취업할 수 없도록 한 것은 지나치다고 주장한다. 이러한 취업제한 조항은 A의 기본권을 침해하는 것일까?

A 등에게 적용된 취업제한 조항은 개인의 능력과 자질에 따라서 일정한 직업을 가질 수 없도록 한 것으로서 직업선택의 자유를 제한한다. 이러한 취업제한은 의료업 종사자의 자질을 일정한 수준 이상을 보장하기 위한 것이다. 국민을 성범죄로부터 보호하고 국민이 의료기관을 믿고 이용할 수 있도록 하려는 것이다. 그러나 성범죄자 중에는 죄질이 매우 가볍고 재범 위험이 낮은 사람도 있을 수 있다. 그럼에도 당사자가 저지른 죄가 얼마나 중대한 것인지, 범죄를 다시 저지를 위험성이 있는지 여부를 판단할 수 있는 구체적이고 개별적인 심사절차를 두지 않은 채, 일률적으로 10년이라는 장기간 동안 계속하여 의료기관 취업을 제한하는 것은 가혹한 것이다. 그러므로 A에게 적용된 취업제한조항은 직업선택의 자유를 과도하게 침해한다.

(6) 그린벨트로 묶인 내 땅 보상은 없나?

보상 없는 개발제한구역 지정(헌재 1998.12.14. 89헌마214등)(위헌)

A가 소유한 토지는 1972년 그린벨트(개발제한구역)로 지정되었다. A는 1982년 그린벨트로 지정된 자신의 땅에 관할 구청의 허가를 받지 않고 건물을 지었다. 관할 구청은 법률상 그린벨트 안에서는 건물을 지을 수 없다며 무허가건물을 지은 A에게 건물의 철거를 요구하였다. A는 마음대로 건물도 짓지 못하고 그린벨트 지정으로 입은 피해가 너무 크다며 국가가 손실을 보상해 주어야 하는 게 아닌지 의문을 갖게 되었다. 그린벨트 안에서 건물을 지을 수 없도록 하는 법률조항은 A의 기본권을 침해하는 것일까?

재산의 이용이나 처분은 일반 국민 다수의 생활에 큰 영향을 미칠 수 있다.

그러한 경우 공동체의 이익을 위하여 재산권 행사를 규제할 수 있다. 대표적으로 토지의 경우 새로 생산될 수 있거나 대체될 수 있는 것이 아니다. 토지는 생산과 생활의 기반이 되는데 우리나라의 토지는 인구에 비하여 절대적으로 부족하다. 따라서 토지에 대한 재산권의 행사에는 공동체의 이익이 보다 강하게 영향을 미칠 수 있다. 그러나 개발제한구역으로 지정되고 나서 종래의 목적으로 토지를 사용할 수 없거나 달리 이용할 방법이 전혀 없는 예외적인 경우에도 아무런 보상 없이 이를 감수하도록 한다면 이것은 토지소유자의 재산권을 과도하게 침해하는 것이다.

17 선거권, 공무담임권, 청원권

선거권

공무원을 선출하고 또 이를 파면하는 것은 국민의 권리이다. 여기서 말하는 '공무원'은 국민주권의 원리에 의해 국민의 대표성을 부여받고 공무에 종사하는 자의 총칭이다. 국민이 국정에 참여하는 선거권은 국민주권의 표현으로서 국민의 가장 중요한 기본적 권리의 하나이다. 즉 선거인의 자격에 관해 신체적 · 경제적 · 사회적 제 조건에 의한 차별을 인정하지 않는다. 법 앞의 평등을 보장하고 인종, 신조, 성별, 사회적 신분, 가문, 교육, 재산 또는 수입에 의해 차별하여서는 아니 된다. 우리 헌법은 제24조에서 "모든 국민은 법률이 정하는 바에 의하여 선거권을 가진다."고 하여 선거제도의 기본원칙으로서 보통 · 평등 · 직접 · 비밀선거의 원칙만을 헌법에 직접 명시하고, 선거권의 행사에 관한 구체적인 사항은 입법사항으로 위임하고 있다.

공무담임권

공무담임권이라 함은 선거직공무원을 비롯한 모든 국가기관의 공직에 취임할 수 있는 권리를 의미한다. 여러 가지 선거에 입후보해서 당선될 수 있는 피선거권과 국정과 관계되는 모든 공직에 임명될 수 있는 공직취임권을 포함한다. 공무담임권은 공무담임의 기회보장적 성격을 가지기 때문에, 선거에서의 당선이나 공직채용시험의 합격 등 주관적 전제조건에 의해서 공무담임권이 제한된다. 우리 헌법은 제25조에서 "모든 국민은 법률이 정하는 바에 의하여 공무담임권을 가진다."고 규정하고 있다. 물론 공무담임권을 제한하는 법률도 과잉금지원칙을 존중하는 범위 내에서만 허용된다.

청원권

누구든지 손해의 구제, 공무원의 파면, 법률, 명령 또는 규칙의 제정, 폐지 및 개정 기타의 사항에 관해 평온하게 청원할 권리를 가지며, 누구든지 이러한 청원을 한 까닭으로 인해 어떠한 차별대우도 받지 아니한다. 국민의 청원을 단순히 접수 · 심사하는 데에 그치지 않고, 의회에서 임명한 기관이 독립하여 행정기관의 위법 · 부당한 행위로 인해 피해를 입은 국민의 청원 등을 조사하여 그 시정을 권유하는 옴부즈만(Ombudsman)제도가 있다. 우리나라에서는 국민권익위원회와 시민고충처리위원회가 이와 유사한 기능을 수행한다. 현행 헌법은 제26조에서 "모든 국민은 법률이 정하는 바에 의하여 국가기관에 문서로 청원할 권리를 가진다. 국가는 청원에 대하여 심사할 의무를 진다."고 하여 청원권을 기본권으로 보장한다.

⊙ 헌법재판소 판례

(1) 주민등록요건으로 재외국민 국민투표권을 제한할 수 있는가?

재외국민의 국민투표권의 제한(헌재 2007.6.28. 2004헌마644등)(위헌)

국민투표는 국가의 중요정책이나 헌법개정안에 대해 주권자로서의 국민이 그 승인 여부를 결정하는 절차인데, 주권자인 국민의 지위에 아무런 영향을 미칠 수 없는 주민등록 여부만을 기준으로 하여, 주민등록을 할 수 없는 재외국민의 국민투표권 행사를 전면적으로 배제하고 있는 것은 국민투표권을 침해한다.

(2) 정당의 기초자치단체장 후보자추천은 공무담임권 침해인가?

정당의 기초자치단체장 후보자 추천제(헌재 2011.3.31. 2009헌마286)(합헌)

헌법 제25조가 정당의 후보자 추천이 없는 공직선거제도까지 공무담임권의 내용으로 보장하는 것은 아니므로, 자치구 · 시 · 군의 장 선거에서 정당이 후보자를 추천할 수 있도록 입법하더라도, 정당의 추천을 받지 않고 후보자가 될 수 있는 길을 배제하지 않는 이상, 정당의 자치구 · 시 · 군의 장 후보자 추천제도가 자치구 · 시 · 군의 장이 될 수 있는 기회를 물리적으로 제한하는 것은 아니므로, 자치구 · 시 · 군의 장이 되고자 하는 청구인의 공무담임권을 직접적으로 침해하는 것으로 보기 어렵다.

(3) 공무원 일반승진시험 응시자격제한은 공무담임권 침해인가?

5급공무원 일반승진시험의 응시자격(헌재 2007.6.28. 2005헌마1179)(합헌)

공무담임권의 보호영역에는 일반적으로 공직취임의 기회보장, 신분박탈, 직무의 정지가 포함될 뿐이고 청구인이 주장하는 '승진시험의 응시제한'이나 이를 통한 승진기회의 보장 문제는 공직신분의 유지나 업무수행에는 영향을 주지 않는 단순한 내부 승진인사에 관한 문제에 불과하여 공무담임권의 보호영역에 포함된다고 보기는 어려우므로 공무담임권을 침해한다고 볼 수 없다.

(4) 특정직 공무원의 군무원 배제는 공무담임권 위반인가?

특정직 공무원의 범위 중 군무원 배제(헌재 2008.6.26. 2005헌마1275)(합헌)

공무원직에 관한 한 공무담임권이 직업의 자유에 우선하여 적용되므로, 공무담임권을 침해하는지 여부를 심사하는 이상 이와 별도로 직업수행의 자유의 침해 여부를 심사할 필요는 없다. 공무담임권의 보호영역에는 일반적으로 공직취임의 기회보장, 신분박탈, 직무의 정지가 포함되는 것일 뿐, 여기서 더 나아가 공무원이 특정의 장소에서 근무하는 것 또는 특정의 보직을 받아 근무하는 것을 포함하는 일종의 '공무수행의 자유'까지 그 보호영역에 포함된다고 보기는 어렵다. 특정직공무원으로서 군무원인 청구인들의 공무담임권을 제한하는 것은 아니다.

(5) 제대군인에 대한 가산점 부여는 공무담임권 침해인가?

제대군인에 대한 가산점 부여(헌재 1999.12.23. 98헌마363)(위헌)

가산점제도는 능력주의에 기초하지 아니하는 불합리한 기준으로 공무담임권을 제한하고 있다. 공직수행능력에 관하여 남녀간에 생리적으로 극복할 수 없는 차이가 있는 것이 아니므로 공직자선발에 있어서 적성 · 전문성 · 품성 등과 같은 능력이 아니라 성별을 기준으로 공직취임의 기회를 박탈하는 것은 명백히 불합리한 것이어서 헌법적으로 그 적정성을 인정받을 수 없다. 공무담임권이 침해된다.

(6) 국가유공자의 가산점 부여는 공무담임권 위반인가?

국가유공자의 가산점 부여(헌재 2001.2.22. 2000헌마25)(합헌)

여자와 연소자의 근로의 특별보호를 규정한 헌법 제32조 제4항, 제5항, 국가유공자 · 상이군경 및 전몰군경의 유가족에 대한 우선적 근로기회의 보장을 규정한 헌법 제32조 제6항, 여자, 노인과 청소년, 신체장애자 등에 대한 사회보장의무를 규정한 헌법 제34조 제2항 내지 제5항 등과 같은 헌법적 요청이 있는 경우에는 합리적 범위 안에서 능력주의가 제한될 수 있다. 국가유공자의 가산점 부여는 헌법 제32조 제6항의 헌법적 요청으로 공무담임권을 위반하지 않는다.

(7) 의원소개를 얻어 국회청원서 제출하는 것, 청원권 침해인가?

국회청원 소개에 의한 국회청원서 제출(헌재 2006.6.29. 2005헌마604)(합헌)

의회에 청원을 할 때에 의원의 소개를 얻도록 한 것은 무책임한 청원서의 제출을 규제하여 그 남용을 예방하고 의원이 미리 청원의 내용을 확인하여 그 후 이루어질 심사의 실효성을 확보하려는 데에 그 목적이 있다. 의회가 모든 민원을 청원으로 접수한 후 청원심사위원회 등 예비심사제도를 통해 무의미한 청원을 선별해 낸 후 심사하는 방식으로도 입법목적을 달성할 수 있겠으나 입법자는 청원권의 구체적 입법형성에 있어서 광범위한 재량권을 가지고 있기 때문에 국회가 '민원처리장화' 되는 것을 방지하기 위하여 적절한 수단을 선택할 수 있다 할 것이므로 의원의 소개를 청원서 제출의 요건으로 규정하여 의원의 소개를 얻은 민원은 일반의안과 같이 처리하고, 그 외 의원의 소개를 얻지 못한 민원은 진정으로 처리하는 방식을 택하는 것은 입법자에게 부여된 입법재량에 해당한다.

18 재판을 받을 권리

다양한 가치와 이해관계를 추구하는 현대사회에 살고 있는 우리는 여러 가지 분쟁을 경험하게 된다. 개인 간 혹은 집단 간에 발생하는 갈등과 분쟁은 서로의 타협이나 대화로 해결되기도 하지만, 법원의 재판을 통해야만 해결되는 경우도 있다. 이러한 재판이 국민의 자유와 권리를 보장하고 사회질서 유지에 기여하기 위해서는 공정하게 이루어지지 않으면 안 된다.

헌법 제27조 제1항은 모든 국민은 헌법과 법률이 정한 법관에 의하여 법률에 의한 재판을 받을 권리를 가진다. 제3항은 모든 국민은 신속한 재판을 받을 권리를 가진다. 형사피고인은 상당한 이유가 없는 한 지체 없이 공개재판을 받을 권리를 가진다고 규정하여 공정하고 신속한 공개재판을 받을 권리를 보장하고 있다. 따라서 재판의 절차에 관한 법률이나 재판에 적용되는 법률은 모두 헌법에 맞는 것이어야 한다. 그리고 공개된 법정의 법관 앞에서 증거가 조사되고, 소송의 당사자는 공격과 방어의 충분한 기회를 가져야 한다. 또한 효과적인 권리보호를 위한 신속한 재판이 이루어 져야 한다.

⊙ 헌법재판소의 판례

(1) 미결수의 변호인 접견, 교도관이 들어와도 되나?

구속피고인의 변호인 접견제한(헌재 1992.1.28.91헌마111)(위헌)

1991년 A는 국가보안법 위반으로 유치장에 수감되어 있던 중, 변호인을 만나게 되었다. 하지만 거기에는 변호인뿐만 아니라, 국가안전기획부 소속 수사관 5명이 대화내용을 듣고 기록하고, 녹음하고, 사진촬영하기까지 하였다. 미결수용자의 경우에도 수형자와 마찬가지로 접견을 제한할 수 있다는 구 행형법 조항 때문에 당시에는 이것이 가능했다. 미결수용자 A와 변호사의 접견을 제한하는 행형법 조항은 A의 기본권을 침해하는 것일까?

형사재판을 받는 피고인이라 해도 유죄의 확정판결을 받기 전에는 무죄로 추정된다(헌법 제27조 제4항). 무죄추정을 받는 피의자나 피고인이 구속 상태에서 받을 수 있는 여러 불이익을 제거하고 구속제도가 악용되지 않도록 헌법은 변호인의 조력을 받을 권리를 보장하고 있다(헌법 제12조 제4항). 신체구속을 당한 사람에게 변호인의 충분한 도움을 받게 하려면 무엇보다도 변호인과 충분한 상담을 할 수 있도록 해주어야한다. 변호인은 구속된 사람과 접견을 통해 현재 상황을 설명하고 적절한 대응책을 마련하는데, 대화내용의 비밀이 완전히 보장되고 부당한 간섭 없이 자유롭게 대화할 수 있는 상황에서만 제대로 된 상담이 가능하다. 그러나 교도관이나 수사관 등 관계공무원이 가까이에서 감시하면서 이러한 대화내용을 듣거나 녹취하고 사진을 찍는 등 불안한 분위기를 조성한다면, 변호인과의 자유로운 접견은 방해될 수밖에 없다. 변호인과의 자유로운 접견은 신체구속을 당한 사람에게 보장되는 변호인의 조력을 받을 권리의 가장 중요한 내용이므로 어떠한 명분으로도 제한될 수 없다. 따라서 형이 확정되지 않은 미결수용자의 변호인 접견을 제한하는 행형법 조항은 A의 변호인의 조력을 받을 권리를 침해하여 헌법에 위반된다.

범죄와 관련된 방송이나 뉴스, 신문기사의 내용을 보다 보면 수용자, 수형자, 미결수용자, 변호사, 변호인 등과 같이 조금씩 다른 용어가 사용되는 것을 볼 수 있다. 수용자는 수형자 · 미결수용자 · 사형확정자 등 법률과 적법한 절차에 따라 교도소 · 구치소와 같은 교정시설에 수용된 사람을 말한다. 수형자는 징역형 등의 선고를 받아 그 형이 확정되어 교정시설에 수용된 사람을 말한다. 미결수용자는 형사피의자나 피고인으로서 체포되거나 구속영장의 집행을 받아 교정시설에 수용된 사람을 말한다. 변호사는 직업이나 직종의 명칭으로 사법시험에 합격하고 연수원과정을 마쳤거나 변호사시험에 합격하고 국가로부터 자격을 부여받은 사람을 말한다. 변호인은 체포나 구금을 당한 사람을 대리하여 법률적인 면에서 이들을 도와주는 사람을 말한다. 형사소송법상 피고인이 또는 피의자의 경우 변호사 중에서 변호인을 선임하는 것이 원칙이지만, 예외도 인정된다.

(2) 수형자와 변호사 사이의 답답한 차단막, 꼭 있어야 하나?

변호사 접견실의 차단시설(헌재 2013.8.29. 2011헌마122)(위헌)

A는 유죄판결을 받고 교도소에 수용중인 수형자이다. A는 교도소 안에서 이루어 지는 신체검사가 위헌이라고 생각하여 헌법소원을 제기하였고, 이 소송을 맡은 변호사 B와 상담을 하게 되었다. 그리고 A는 담당교도관에게 접촉차단시설이 없는 접견실에서 만나게 해달라고 요청했다. 그러나 교도소 측은 수용자들은 원칙적으로 접촉차단시설이 설치된 장소에서 접견해야 한다고 규정된 대통령령 조항을 내세우며 A의 요구를 받아들이지 않았다. 결국 A는 창살을 사이에 두고 양면에 유리벽이 설치되어 마이크와 스피커를 통해

대화를 해야 하고 동영상카메라가 설치된 접견실에서 B를 만날 수밖에 없었다. A와 변호사 B의 자유로운 접견을 제한하는 것은 A의 기본권을 침해하는 것일까?

교도소 내의 수용자라 하더라도 헌법소원 등 재판청구를 위해 변호사를 만나야 하는 경우가 있다. 이 때 수용자와 변호사 사이의 접견교통권은 재판청구권에 의하여 보장된다. 그런데 차단시설이 가로막고 있는 상황에서 수용자와 변호사는 복잡한 서류 등을 함께 확인하며 정확하고 효율적으로 재판을 준비하기가 어렵다. 특히 교도소 내의 문제로 국가를 상대로 소송을 하는 경우에는 소송의 상대방인 교도소 측에 자료가 노출될 위험이 커지므로 대등한 조건에서 재판을 진행하기 어렵게 된다. 물론 변호사접견제도를 악용하려는 사례가 있을 수 있다. 하지만 차단시설이 없는 곳에서의 접견을 원칙으로 하고, 교도소 내의 규율과 질서를 해칠 위험이 있는 경우라고 판단되면, 예외적으로 접촉차단시설이 있는 곳에서 접견하도록 하는 방법으로도 이런 위험을 충분히 방지할 수 있다. 그러므로 접촉차단시설이 설치된 장소에서 변호사를 접견하도록 한 대통령령 조항은 A가 누려야 할 재판청구권을 침해하여 헌법에 위반된다.

(3) 변호사와의 상담내용을 녹음할 수 있는가?

수형자와 변호사 사이의 접견내용 녹음(헌재 2013.9.26. 2011헌마398)(위헌)

A는 특수강도 강간죄 등으로 징역 8년을 선고받고 복역 중인 수형자이다. A는 교도소 내에서 자유롭게 머리를 기르지 못하는 것이 헌법에 위반된다고 생각하여 헌법소원을 제기하였고, 소송대리를 맡아준 변호사 B를 만나게 되었다. 그런데 A는 B와 상담을 마친 후 둘 사이의 대화내용이 녹음되었다는 사실을 알게 되었다. A는 교도소장이 헌법소원심판청구를 방해하는 거라고 생

각하게 되었다. 그렇다면 수형자와 변호사 사이의 접견내용을 녹음한 행위는 A의 기본권을 침해하는 것일까?

수형자의 재판청구와 관련한 변호사접견은 재판청구권에 의하여 보호된다. 그런데 수형자와 변호사 사이의 접견내용을 녹음 · 녹화하게 되면, 접견내용이 외부에 알려질 수 있으므로 수형자는 상담과정에서 위축될 수밖에 없다. 특히 소송의 상대방이 교도소와 같은 구금시설이고 그 내용이 구금시설의 부당처우를 다투는 경우에는 더욱 심각한 결과를 초래한다. 교도소 측에 소송내용이나 계획이 그대로 노출될 경우 당사자가 서로 대등한 위치에서 재판을 받을 수 없게 될 위험이 있다. 변호사가 수형자와 모의해 불법행위를 할 우려가 있지 않느냐 하는 지적이 있을 수 있지만, 변호사한테는 엄격한 직무의 공공성과 윤리성이 요구되고, 직무수행에 의무를 위반할 경우 처벌의 강도가 높다는 점을 생각해 보면 그럴 가능성은 거의 없다. 그러므로 교도소장이 수형자 A와 변호사 사이의 접견내용을 녹음한 행위는 A의 재판청구권을 침해하여 헌법에 위반된다.

(4) 증인은 법정에 나와서 진술해야 하는 것 아닌가?

성폭력피해아동진술 영상녹화 증거력(헌재 2013.12.26. 2011헌바108)(합헌)

A는 8세와 9세의 어린이를 강제추행 혐의로 재판을 받게 되었다. 그러나 재판을 받던 중 피해아동들이 직접 법정에서 진술을 하지 않는 대신 피해아동들의 진술이 담긴 영상녹화물이 증거로 신청되었다. 법원은 구 아동 · 청소년의 성보호에 관한 법률조항에 따라 이 영상녹화물을 증거로 채택하였고, 이를 바탕으로 A에게 유죄를 선고하였다. 이 사건에 적용된 증거채택에 관한 법률조항은 헌법에 위반되는가?

성폭력범죄 피해아동의 진술영상을 증거로 채택할 수 있도록 한 법률조항은 피고인이 법정에서 불리한 증거에 대해 반대신문할 수 있는 기회를 제한하는 것으로서 공정한 재판을 받을 권리를 제한한다. 그러나 성폭력범죄 피해아동이 법정에서 피해경험을 진술하도록 하는 것은 피해아동에게 심리적 · 정서적 외상과 충격을 입힐 수 있다. 따라서 이러한 충격으로부터 피해아동을 보호하는 것은 그 정당성이 인정된다. 그리고 성폭력범죄 피해아동의 진술영상을 증거로 채택할 수 있도록 한 법률조항은 피고인의 형사절차상 권리의 보장과 성폭력범죄피해아동의 피해 사이에 조화를 도모하는 것으로 피고인의 반대신문을 전적으로 금지하는 것은 아니다. 즉 법원은 영상녹화물에 수록된 진술의 신빙성, 피해아동의 연령, 출석의지, 피고인 주장의 합리성 등을 고려하고, 피해아동의 보호를 포함한 여러 가지 관련이익을 비교하여 피해아동을 증인으로 불러 신문할 수도 있다. 그리고 이 경우 피고인은 증인신문에 참여할 수 있게 된다. 또한 성폭력피해아동을 법정에 불러 거칠고 날선 질문을 하기 보다는 사건 초기의 생생한 기억 속에서 이루어진 진술을 영상녹화한 후 이를 아동진술전문가나 심리학자 등에게 분석하게 하여 신빙성을 검증하고, 피해아동과 조사과정에 함께 있었던 신뢰관계에 있는 사람을 통해 영상녹화가 제대로 되었는지 확인 하는 것이 진실의 발견에 보다 효과적일 수 있다. 이러한 사정들을 고려해 볼 때, 성폭력범죄 피해아동의 진술영상을 증거로 채택할 수 있도록 규정한 법률조항은 피고인 공정한 재판을 받을 권리를 침해하지 않으므로 헌법에 위반되지 않는다.

(5) 정신병원에 갇혀 있는데, 3일 안에 즉시항고를 하라고?

정신병원 수용자의 즉시항고 제기기간(헌재 2015.9.24. 2013헌가21)

A는 편집성 정신분열증으로 3년 째 병원에 수용 중이다. 즉시항고기간을 3일로 한 조항은 헌법에 위반되는 것인가?

재판을 청구할 수 있는 기간을 정하는 것은 원칙적으로 국회가 정책적 판단에 따라 결정할 문제이다. 그러나 국회가 만든 법률이 현실적으로 권리구제를 받을 수 있는 방법을 보장하지 못한다면, 그러한 법률은 헌법에 위반된다. 정시병원 등에 갇혀있는 피수용자는 수용이 위법하게 이루어 졌다거나 더 이상 자신을 수용할 사유가 없다고 주장하면서 인신보호법에 따라 법원에 구제를 청구할 수 있다. 이러한 구제청구자는 자기의사에 반하여 수용시설에 수용된 사람으로 자유가 제한된 상태이다. 따라서 법원의 결정에 불만이 있는 경우에 자신이 직접 법원에 가서 즉시항고장을 접수할 수는 없고, 다른 사람이 대신 접수해 주거나 우편을 이용하여 접수할 수밖에 없다. 하지만 외부의 다른 사람의 도움을 받아 접수하는 방법은 외부인의 호의와 협조가 필수적이다. 우편으로 보내는 방법은 즉시항고장을 작성하는 시간과 우편물이 법원에 도착하는데 소요되는 시간이 필요하기 때문에 이러한 상황을 고려하면 3일이라는 기간은 충분하다고 보기 어렵다. 결국 인신보호법 조항은 즉시항고기간을 지나치게 짧게 규정하여 즉시항고 제기를 매우 어렵게 하는 것으로 재판청구권을 침해하여 헌법에 위반된다.

(6) 변호사접견시간 좀 따로 만들어 주세요!

수형자 변호사접견 및 시간제한(헌재 2015.11.26. 2012헌마858)(위헌)

유죄판결이 확정되어 교도소에 수용되어 있는 A는 교도소에서 또 다른 민사소송을 제기하고 있었다. 이 민사소송을 담당하고 있던 변호사 B는 A와 일반접견을 하게 되었다. 변호사 B는 일반접견과는 달리 시간제한이 없는 변호인접견을 신청하였는데, 민사소송을 대리하는 변호사는 형사재판의 변호인과는 다르므로 일반접견만 가능하고 변호인접견은 불가능하다는 구치소 측의 통보를 받게 되었다. 수형자의 접견시간과 횟수를 제한하는 조항은 A의 기본권을 침해하는 것인가?

교정시설의 질서유지를 위해 변호사와의 서신교환이나 전화통화는 검열 · 녹음될 수밖에 없다. 그런데 이로 인해 변호사와의 상담이 위축되고 효율적으로 이루어지지 않을 수 있다. 따라서 수형자의 재판청구권을 실질적으로 보장하기 위해서는 검열 · 녹음의 제약이 없는 변호사와의 접견시간과 횟수를 적절하게 보장하는 것이 필수적이다. 그런데 변호사와의 접견을 그 시간과 횟수가 매우 제한적인 일반접견에 포함시키면 수형자가 제 때에 변호사의 도움을 받지 못하게 된다. 따라서 소송대리인인 변호사의 접견횟수를 일반접견과는 별도로 정해야 할 필요가 있다. 다만 일반접견과 구별하여 접견의 최소시간만 보장하면서 적절한 범위에서 횟수와 시간을 제한할 수 있고, 이를 통해 교정시설 내에 질서를 유지하면서도 수형자의 재판청구권을 실효적으로 보장할 수 있다. 결국 변호사와의 접견을 그 성격이 전혀 다른 일반접견에 포함시켜 접견시간 및 횟수를 제한하고 있는 조항은 수형자인 A의 재판청구권을 침해하여 헌법에 위반된다.

19 교육, 근로, 혼인과 가족생활

교육을 받을 권리

흔히 인간을 사회적 동물이라고 한다. 우리 헌법도 국민을 단지 고립된 개인이나 사회의 단순한 구성분자로 보지 않고, 국민의 공동체와 끊임없는 상호작용 속에서 스스로 생활을 형성해 나갈 수 있도록 다양한 자유와 권리를 보장하고 있다. 우리 헌법 제31조 제1항에서는 "모든 국민은 능력에 따라 균등하게 교육을 받을 권리를 가진다."고 하여 교육을 받을 권리를 보장하고 있다. 교육은 국민이 다른 기본권을 의미 있게 행사하면서 인간다운 삶을 살아가기 위한 기초가 된다. 그리고 민주시민의 능력과 자질을 향상시키는 중요한 역할을 한다. 따라서 국가는 능력에 따른 교육제도를 마련하도록 하고, 사회적 · 경제적 약자를 위한 적극적 교육정책을 실현해야 한다.

근로의 권리

국가는 국민 개개인이 평생에 걸쳐 직업능력을 개발하고, 더 많은 취업기회를 가질 수 있도록 하는 한편, 근로자의 고용안정과 기업의 일자리 창출을 지원해야 한다. 또한 인간의 존엄성을 보장할 수 있는 적정한 근로조건의 기준을 마련해야 한다. 우리 헌법은 헌법 제32조 제1항에서 "모든 국민은 근로의 권리를 가진다. 국가는 사회적 · 경제적 방법으로 근로자의 고용의 증진과 적정임금의 보장에 노력하여야 하며, 법률이 정하는 바에 의하여 최저임금제를 시행하여야 한다." 제3항에서 "근로조건의 기준은 인간의 존엄성을 보장하도록 법률로 정한다."고 하여 근로의 권리를 보장한다.

혼인과 가족생활의 보장

혼인과 가족생활이 인간의 존엄과 양성의 평등을 기초로 성립되고 유지되도록 보장한다. 시대의 흐름에 따라 다양한 형태의 가족이 출현하고 있다. 하지만 혼인은 여전히 가족형성의 중요한 계기이고, 가족은 그 구성원의 생존과 생활을 보살피고 자녀세대를 교육하는 가장 기초적인 생활단위이다. 국가는 혼인과 가족생활의 중요성을 고려해 그에 관한 개인과 구성원의 자유로운 의사결정을 존중하고 개인의 존엄과 양성평등에 기초한 혼인과 가족생활의 성립과 유지를 적극적으로 지원해야 한다. 우리 헌법은 헌법 제36조 제1항에서 "혼인과 가족생활은 개인의 존엄과 양성의 평등을 기초로 성립되고 유지되어야 하며, 국가는 이를 보장한다."고 하여, 혼인과 가족생활의 보장을 규정하고 있다.

⊙ 헌법재판소 판례

(1) 학교에서 한자를 왜 필수로 안 가르치나?

초 · 중등학교 한자선택교육(헌재 2016.11.24. 2012헌마854)(합헌)

초 · 중등학교에서 한자교육을 선택적으로 받는 것은 학부모와 자녀의 기본권을 침해하는 것일까? 교육영역에서 학생의 자유로운 인격발현권과 부모의 자녀교육권은 학생의 교육적 성장과 발전을 통한 행복추구를 위한 것이다. 그러므로 국가가 학교 교육제도 형성의 폭넓은 권한을 가지고 있다고 하더라도, 학생들 각자의 성향이나 능력이 최대한 발휘될 수 있도록 교육과정을 평성하고 운영하여야 한다. 국어교육은 한국인으로서의 정체성을 형성하고 공동체의 구성원으로 성장하는데 가장 기초적인 교육이다. 그러므로 학생들의 연령과 발달수준에 맞춘 적절한 교육내용과 방법이 정해져야 한다. 초 · 중등학교 교육에서 중요한 것은 심오한 진리의 탐구가 아니라 사회구성원으로서 살아가는데 필요한 기본적 품성과 자질을 기르는 것이다. 공교육제도 하에서 학부모 · 학생이 원하는 모든 것을 가르칠 수는 없다. 현재 한글전용이 보편화되어 대부분의 문서와 책 등이 한글 위주로 작성되어 있고 한자어는 앞뒤 문맥으로 그 뜻을 이해할 수 있으므로 그 낱말이 한자로 어떻게 표기되는지를 아는 것이 어휘능력 향상에 결정적인 요소라고 보기 어렵다. 우리의 문자생활에서 한자가 차지하는 비중이나 영향, 학생들의 부담을 종합적으로 고려할 때 한자를 선택과목으로 지정한 교육부의 판단이 학생들의 자유로운 인격발현권이나 부모의 자녀교육권을 침해한다고 할 수 없다.

(2) 노동조합 일은 근로시간 면제 한도 내에서만 해야 하나?

노조 전임자 근로시간 면제제도(헌재 2014.5.29.2010헌마606)(합헌)

기업 내에서 근로자인 조합원을 대표하여 노동조합의 업무만을 책임지고 담당할 사람을 두고, 이들의 급여를 사용자가 부담하는 노조전임자 제도는 노사관행의 일부로 되어 왔다. 그런데 노조전임자의 수가 늘고 노동환경이 변화하면서 노조전임자에 대한 급여를 사용자가 지급하는 것에 대한 문제 제기가 이어졌고, 2010. 1. 1일 노동조합법 및 노동관계조정법(약칭 노동조합법)이 개정되었다. 이제 노동조합 업무에만 종사하는 노조전임자는 급여를 원칙적으로 받을 수 없고, 다만 일정한 근로시간 면제한도 내에서 임금의 손실 없이 노조활동을 할 수 있게 되었다. 노동조합위원장 A는, 노동조합법 개정은 노동조합의 활동을 위축시키기 위한 것으로서 근로 3권을 침해한다고 생각하였다. 노조전임자에 대한 급여지급을 위한 파업을 하려고 하는데 노동조합법상 그러한 쟁의도 할 수 없다고 하는데, 이와 같은 노동조합법 조항들은 A의 기본권을 침해하는 것일까?

헌법은 사용자에 대한 관계에서 근로자가 자신의 이익을 지키기 위하여 단체를 결성하고, 근로조건에 관한 협상을 하거나 업무를 거부할 권리를 보장한다. 이를 흔히 근로 3권이라 부른다. 근로 3권은 노사관계 형성에 있어 사회적 균형을 이룰 수 있도록 하여 노사 간의 실질적인 자치를 보장하기 위한 권리이다. A에게 적용된 노동조합법 조항들은 집단적 노사관계에 관한 노사합의를 제한하고 또 이에 위반하는 주장을 관철하기 위한 쟁의까지 금지하여 근로자의 단체교섭권과 단체행동권을 제한한다. 그러나 노조전임자에 대한 급여지급을 제한한 이유는 급여를 주는 사용자로부터 노동조합의 자주성과 독립성을 확보하기 위한 것이다. 또한 합리적이고 안정적인 노사관계를 구축하여 산업평화를 유지하기 위한 것이다.

노동조합법은 이에 따른 노동조합 활동의 위축을 방지하고 노조전임자 제도의 순기능을 살리고자 근로시간 면제제도를 신설하였다. 그리고 근로시간 면제한도 내에서는 임금의 손실 없이 근로자의 노동조합의 업무를 보장하여 노조전임자에 대한 전면적 급여지급 금지로 인한 피해를 최소화 하고 있다. 따라서 A에게 적용된 노동조합법 조항들은 A씨의 단체교섭권 · 단체행동권을 침해하지 않는다.

(3) 예고도 없이 직장을 그만두라고?

해고예고수당 미지급(헌재 2015.12.23. 2014헌바3)(위헌)

A는 한 영어학원에 취업하였다. 취업 후 2개월이 될 무렵, 원장으로부터 해고통지를 받았다. 근로기준법에 따르면 해고 30일 전에 예고를 해야 하고, 예고를 안 한 경우에는 30일분의 통상 일금을 주어야 하는 것으로 알고 있었다. 그러나 원장은 월급 근로자로서 일하기 시작한지 6개월이 안 된 사람은 언제든지 해고할 수 있다고 큰 소리를 쳤다. 월급 근로자로서 6개월이 안 된 사람은 해고예고제도의 적용대상에서 제외되었다. 해고예고의 예외를 인정한 근로기준법 조항은 헌법에 위반되는 것일까?

근로관계 종료 전에 사용자가 근로자에게 해고예고를 하도록 한 것은, 근로자가 갑자기 직장을 잃어 생활이 곤란해지는 것을 막기 위한 것이다. 이는 개별 근로자의 인간으로서의 존엄성을 보장하기 위한 최소한의 근로조건 가운데 하나에 해당하고, 해고예고에 관한 권리는 근로의 권리 내용에 포함된다. 해고예고 제도의 구체적 형성은 국회에 맡겨져 있다. 하지만 국회가 해고로부터 근로자를 보호할 의무를 전혀 이행하지 않거나 그 내용이 현저히 불합리하다면, 근로의 권리를 침해하게 된다. 월급근로자로서 6개월이 되지 못한 사람은 대체로 기간의 정함이 없는 근로계약을 체결한 사람들로서 근로계약의 계속성에 대한 기대가 크다. 그런데 단지 근무기간이 6개월이 되지 않았다는 이유로 예고 없이 직장을 상실하게 하는 것은 근로자의 보호를 위해 요구되는 최소한의 절차적 규율마저 하지 않고 근로의 권리를 침해한 것이다. 또한 6개월 이상 월급근로자나 월급제 이외의 형태로 보수를 받는 근로자와의 관계에서 합리적 이유 없이 차별취급하는 것이므로 평등원칙에도 위반된다. 따라서 해고예고 제도의 예외를 정한 근로기준법 조항은 근로의 권리와 평등권을 침해하여 헌법에 위반된다.

(4) 엄마 호적에 들어가면 안 되나요?

호주제(헌재 2005.2.3. 2001헌가9등)(위헌)

2000년 A는 남편과 이혼하고 자신의 호적을 새로 만들었다. A는 전 남편과의 사이에서 태어난 아들의 친권행사자이자 양육자로서 아들이 여전히 전 남편의 호적에 올라있다는 사실에 마음이 불편했다. A는 아들을 자신의 호적에 입적시키기 위해 호적 관청에 입적신고를 했지만 받아들여지지 않았다. 남계혈통을 중심으로 가족집단을 영속시키는 호주제는 헌법에 위반되는 것일까?

우리 헌법은 제정 당시부터 평등원칙과 남녀평등을 일반적으로 천명하는데 그치지 않고, 특별히 혼인에 있어 남녀의 동등한 권리를 헌법적 혼인질서의 기초로 선언하였다. 현행 헌법 역시 개인의 존엄과 양성평등을 혼인과 가족제도에 관한 최고의 가치규범으로 보고 있다(헌법 제36조 제1항). 호주제는 남계혈통을 중심으로 가족집단을 구성하고 영속시키는 것으로서 성역할에 관한 고정관념, 말하자면 과거의 남녀의 생활관계가 일정한 형태로 상속되어 왔다는 사실이나 관념에 기초한 차별이다. 이것은 가족 내에서 남성의 우월적 지위와 여성의 종속적 지위라는 전래적 여성상에 뿌리박은 차별로서 정당한 이유 없는 남녀차별이다. 이로 인해 많은 가족들이 현실적 가족생활과 가족구성원의 이익에 부합하는 가족관계를 형성하지 못하고 불편과 고통을 겪었다. 오늘날의 가족관계는 가족구성원 모두가 인격을 가진 개인으로서 성별을 떠나 평등하게 존중되는 관계로 변화하고 있고, 가족의 형태도 다양하다. 호주제는 변화된 사회환경이나 가족관계와 조화되기 어렵고, 가족구성원의 자율적 결정권을 존중하지 않는 것으로서 개인의 존엄과 양성평등을 침해하므로 헌법에 위반된다.

(5) 재혼해도 자녀 성을 못 바꾸나요?

부성(父姓)주의(헌재 2005.12.22. 2003헌가5등)(위헌)

남매를 둔 어머니 A는 남편이 사망한 뒤 B와 재혼하고 남매는 B에게 입양되었다. 남매의 어머니 A는 자녀의 성을 바꿔달라고 법원에 신청하였으나, 당시의 민법은 아버지가 외국인 경우를 제외하고는 자녀는 아버지의 성을 따르도록 규정되어 있어서 남매의 성을 바꿀 수 없었다. 재판부는 이 조항이 과연 인간의 존엄과 양성평등에 기초한 것인지 의심이 들었다. 자녀의 성은 아버지의 성을 따르도록 하는 부성주의를 규정한 민법조항은 헌법에 위반되는가?

이 사건에서 재판관 7명은 두 가지로 나뉜 위헌의견을 냈다. 첫 번째 의견(재판관 5명)은 원칙적으로 아버지의 성을 따르도록 하는 부성주의원칙은 오늘날의 사회구성원의 생활양식을 반영한 것으로 입법형성의 한계를 벗어난 것은 아니지만, 예외의 인정범위가 너무 좁은 점에 위헌성이 있다고 보았다. 즉 출생 직후에 이미 아버지가 사망하였거나 부모가 이혼하여 어머니가 단독으로 자녀를 양육할 것이 예상되는 경우에도 아버지의 성을 사용할 것을 강제하고 어머니의 재혼으로 가족관계가 변동되어 새로운 가족관계가 형성되는 때에도 다른 성으로의 변경을 허용하지 않음으로 개인의 존엄과 양성평등을 침해한다는 것이다. 두 번째 의견(재판관 2명)은 모든 개인이 원칙적으로 아버지의 성을 따르도록 국가가 일방적으로 강제하는 것, 즉 부성주의원칙 자체가 개인의 생각이나 구체적 상황을 고려하지 않은 것으로서 혼인과 가족생활에 있어 개인의 존엄과 양성의 평등을 규정한 헌법에 위반된다는 것이다. 이러한 재판관들의 의견을 종합하면 부성주의를 규정한 민법조항은 헌법에 위반된다.

자녀의 성을 결정하는 방법은 나라마다 다르지만, 최근에는 많은 나라들이 부모가 협의해 아버지의 성이나 어머니의 성 또는 제3의 성을 선택할 수 있도록 하고 있고, 자녀의 동의가 있거나 자녀의 복리를 위한 경우 성을 바꿀 수 있도록 하고 있다. 과거 우리나라의 경우 엄격한 부성주의 원칙에 따라 자녀의 성을 결정했었는데, 재혼가정의 자녀 성을 바꾸는 문제로 사회적 논의가 활발해지면서 앞의 헌법재판소 결정이 있을 무렵, 민법개정을 통해 부성주의 원칙에 대한 예외인정 범위를 넓혔다. 여전히 자녀의 성과 본은 아버지의 성과 본을 따르는 것을 원칙으로 했지만, 혼인신고 시 부모의 협의에 의해 어머니의 성과 본을 따를 수 있도록 예외를 인정하였다. 또한 자녀의 복리를 위해 필요한 경우에는 법원의 허가를 받아 자녀의 성과 본을 변경할 수 있도록 하였다. 그리고 입양에 있어서도 양부모와 양자 사이를 친생자 관계로 보도록 하는 친양자 제도를 도입해 양부모의 성과 본을 따를 수 있게 하였다. 이러한 제도는 2008년부터 시행되고 있다.

(6) 결혼했다고 세금을 더 내야 하나?

부부 자산소득 합산과세제도(헌재 2002.8.29. 2001헌바82)(위헌)

A는 대학병원 의사이고, 배우자 B는 볼링장을 운영하는 개인 사업자이다. 1999년 A는 근로소득 5천만원, 임대소득 1200만원을 얻었고, B는 사업에서는 손실을 봤지만, 부동산 임대소득으로 2억 천 만원을 얻었다. 당시 소득세법은 부부가 각자 부동산 임대소득과 같은 자산소득이 있는 경우, 이를 둘 중 한 사람의 자산소득으로 보고 그의 종합소득에 포함시켜 세금을 계산하도록 하고

있었다. 소득이 많을수록 높은 세율이 적용되는 소득세법 체계상 A와 B는 만약 결혼하지 않았다면 각자 냈을 세금보다 현재 더 많은 세금을 내야 했다. 부부 자산소득 합산과세 조항은 헌법에 위반되는 것일까?

헌법 제36조 제1항에 따라 국가는 혼인과 가족생활을 지원하고, 제3자에 의한 침해로부터 혼인과 가족생활을 보호해야 한다. 또한 혼인한 사람이나 가족을 이루고 있는 사람을 차별하는 것은 금지해야 한다. 이러한 차별금지 명령은 헌법 제11조 제1항에서 보장되는 평등원칙을 혼인과 가족생활영역에서 더욱 구체화함으로써 혼인과 가족생활을 부당한 차별로부터 특별히 더 보호하려는 목적을 가진 것이다. 자산소득 합산과세 조항은 부당한 차별로부터 특별히 더 보호하려는 목적을 가진 것이다. 부부 자산소득 합산과세 조항은 혼인한 부부에게 더 많은 세금을 부과한다. 그로 인해 혼인한 부부를 사실혼 관계에 있는 사람이나 독신자에 비해서 더 불리하게 차별취급하고 있다. 이러한 조항이 만들어진 이유는 혼인한 부부가 일부러 소득을 나누어 세금을 덜 내는 것을 방지하려는 것이지만, 인위적인 소득분산은 증여에 관한 규제를 통해 방지될 수 있기 때문에 차별의 합리적인 이유가 된다고 볼 수 없다. 따라서 부부 자산소득 합산과세 조항은 평등원칙에 반하므로 헌법에 위반된다.

20 환경에 관한 권리

환경권이란 건강하고 쾌적한 환경에서 공해 없는 생활을 누릴 수 있는 권리이다. 현행 환경정책기본법에서는 환경을 자연의 생태를 말하는 '자연환경'과 소음 · 진동 등의 일상생활과 관련되는 환경인 '생활환경'으로 구분한다. 국민은 국가로부터 건강하고 쾌적한 환경을 향유할 수 있는 자유를 침해당하지 않을 권리를 행사할 수 있고, 일정한 경우 국가에 대하여 건강하고 쾌적한 환경에서 생활할 수 있도록 요구할 수 있는 권리가 인정되기도 하는바, 환경권은 종합적 기본권으로서의 성격을 지닌다. 우리 헌법은 제35조 제1항에서 "모든 국민은 건강하고 쾌적한 환경에서 생활할 권리를 가지며, 국가와 국민은 환경보전을 위하여 노력하여야 한다.", 제2항에서 "환경권의 내용과 행사에 관하여는 법률로 정한다.", 제3항에서 "국가는 주택개발정책 등을 통하여 모든 국민이 쾌적한 주거생활을 할 수 있도록 노력하여야 한다."고 규정한다.

(1) 공직선거에서의 확성장치 사용은 환경권 침해인가?

공직선거에서의 확성장치 사용(2008.7.31. 2006헌마711)(합헌)

일정한 경우 국가는 사인인 제3자에 의한 국민의 환경권 침해에 대해서도 적극적으로 기본권 보호조치를 취할 의무를 진다. 기본권의 보호의무 위반이 청구인의 기본권적 법익 침해로서 인정되려면, 선거소음 피해에 의하여 청구인의 정신적 · 육체적 법익 침해가 청구인의 수인한도를 넘어설 정도에 다다르고, 나아가 경우에 따라서는 그것이 청구인의 생명 · 신체의 기본권적 법익 침해로 연결될 가능성이 있어야 할 것이다. 그런데 공직선거법에는 선거운동의 기간, 확성장치의 사용장소, 사용대수, 사용방법 등에 대한 규정까지 두고 있는 이상, 확성장치 소음규제기준을 정하지 않았다는 것만으로 정온한 환경에서 생활할 권리를 보호하기 위한 입법자의 의무를 과소하게 이행하였다고 평가할 수는 없다.

(2) 일조권은 환경권인가?

일조권의 침해(대판 2004.9.13. 2003다64602)(위헌)

건축법 등 공법적 규제에 의하여 확보하고자 하는 일조는 원래 사법상 보호되는 일조권을 공법적인 면에서도 가능한 한 보장하려는 것으로서 특별한 사정이 없는 한 일조권 보호를 위한 최소한도의 기준으로 봄이 상당하고, 구체적인 경우에 있어서는 어떠한 건물 신축이 건축 당시의 공법적 규제에 형식적으로 적합하다고 하더라도 현실적인 일조방해의 정도가 현저하게 커 사회통념상 수인한도를 넘은 경우에는 위법행위로 평가될 수 있다.

(3) 공장폐수로 인한 김양식장의 피해의 입증책임은 누구인가?

공장폐수로 인한 김양식장의 피해(대판 1984.6.12. 81다558)

피해자에게 사실적 인과관계의 존재에 관한 엄밀한 과학적 증명을 요구함은 공해의 사법적 구제의 사실상 거부가 될 우려가 있는 반면에 가해기업은 기술적 · 경제적으로 피해자보다 원인조사가 훨씬 용이할 뿐 아니라 그 원인을 은폐할 염려가 있어, 가해기업이 배출한 어떤 유해한 원인물질이 피해물건에 도달하여 손해가 발생하였다면 가해자측에서 그 무해함을 입증하지 못하는 한 책임을 면할 수 없다고 봄이 사회형평의 관념에 적합하다.

(4) 환경영향평가 내용의 부실과 처분은 위법한가?

환경영향평가 내용의 부실과 처분의 위법성(대판 2006.3.16. 2006두330)

환경영향평가를 거쳐야 할 대상사업에 대하여 그러한 환경영향평가를 거치지 아니하였음에도 승인 등 처분을 하였다면 그 처분은 위법하다 할 것이나, 그러한 절차를 거쳤다면, 비록 그 환경영향평가의 내용이 다소 부실하다 하더라도, 그 부실의 정도가 환경영향평가제도를 둔 입법 취지를 달성할 수 없을 정도이어서 환경영향평가를 하지 아니한 것과 다를 바 없는 정도의 것이 아닌 이상, 당해 승인 등 처분에 재량권 일탈 · 남용의 위법이 있는지 여부를 판단하는 하나의 요소로 됨에 그칠 뿐, 당연히 당해 승인 등 처분이 위법하게 되는 것이 아니다.

(5) 조망이익은 환경권의 보호영역인가?

조망이익(대판 2004.9.13. 2003다64602)

조망이익은 원칙적으로 특정의 장소가 그 장소로부터 외부를 조망함에 있어 특별한 가치를 가지고 있고, 조망이익의 향유를 하나의 중요한 목적으로 하여 그 장소에 건물이 건축된 경우와 같이 당해 건물의 소유자나 점유자가 그 건물로부터 향유하는 조망이익이 사회통념상 독자의 이익으로 승인되어야 할 정도로 중요성을 갖는다고 인정되는 경우에 법적인 보호의 대상이 되는 것이다.

21 국민의 의무

우리 헌법은 제38조에서 "모든 국민은 법률이 정하는 바에 의하여 납세의 의무를 진다."고 하여 납세의 의무를, 제39조 제1항에서 "모든 국민은 법률이 정하는 바에 의하여 국방의 의무를 진다." 동조 제2항에서 "누구든지 병역의무의 이행으로 인하여 불이익한 처우를 받지 아니한다."고 하여 국방의 의무를, 제31조 제2항에서 "모든 국민은 그 보호하는 자녀에게 적어도 초등교육과 법률이 정하는 교육을 받게 할 의무를 진다."고 하여 교육의 의무를, 제32조 제2항에서 "모든 국민은 근로의 의무를 진다. 국가는 근로의 의무의 내용과 조건을 민주주의원칙에 따라 법률로 정한다."고 하여 근로의 의무를, 제35조 제1항에서 "모든 국민은 건강하고 쾌적한 환경에서 생활할 권리를 가지며, 국가와 국민은 환경보전을 위하여 노력하여야 한다."하여 환경보전의 의무를 규정한다. 이는 국민이 국가구성원으로서 부담하는 갖가지 의무 중에서 특히 헌법이 규정하고 있는 의무로 국민의 기본적 의무에 해당한다.

⊙ **헌법재판소 판례**

(1) 남자만 국방의 의무로서 병역의 의무를 부과받는가?

남자만의 병역의무 부과(헌재 2010.11.25. 2006헌마328)(합헌)

전투를 수행함에 있어 요청되는 신체적 능력과 관련하여 본다면, 무기의 소지 · 작동 및 전장의 이동에 요청되는 근력 등이 우수한 남자가 전투에 더욱 적합한 신체적 능력을 갖추고 있다. 이러한 신체적 특징의 차이의 기초하여, 입법자가 최적의 전투력 확보를 위하여 남자만을 징병검사의 대상이 되는 병역의무자로 정한 것이 현저히 자의적인 것이라 보기 어렵다.

(2) 군인에서 전투경찰대원으로의 시위진압은 병역의 의무인가?

군인에서 전투경찰대원으로의 시위진압임무(헌재 1995.12.28. 91헌마80)(합헌)

군인에서 경찰공무원으로 전환한 것은 단지 병역의무이행의 일환으로 대간첩작전이라는 특수임무를 부여하고 위 임무의 수행을 위하여 현역병 복무기간동안 그 신분을 변경한 것에 불과하다. 진압명령도 그와 마찬가지로 병역의무의 이행을 위하여 발하여지는 명령에 불과하다.

(3) 경찰대학의 입학연령 제한은 병역의무이행 자체의 불이익인가?

경찰대학의 입학연령 제한(헌재 2009.7.30. 2007헌마991)(합헌)

경찰대학의 입학연령을 21세 미만으로 제한하는 것은 병역의무 이행 그 자체를 이유로 대상에서 제외하고 있는 것이 아니며, 결과적으로 입학이 어려워졌다고 하더라도 이를 병역의무 이행이 이유가 되어 불이익을 받은 것이라 할 수 없다.

(4) 군복무로 인한 휴직은 병역의무에 의한 불이익한 처우인가?

군복무로 인한 휴직과 법무사시험 1차시험 면제(대판 2006.6.30. 2004두4802)(합헌)

군복무로 인하여 휴직함으로써 공무원으로 실제 근무하지 못하게 된 사정과 법무사시험의 제1차 시험 면제의 취지에 비추어 보면, 군복무로 인한 휴직기간을 법무사시험의 일부 면제에 관한 법무사법 제5조의2 제1항의 공무원 근무경력에 산입하지 아니하였다고 하여 이를 두고 병역의무의 이행으로 인하여 불이익한 처우를 받은 것은 아니다.

(5) 의무교육제도는 교육을 받게 할 의무인가?

의무교육제도(헌재 1991.2.11. 90헌가27)(합헌)

교육을 받게 할 의무란 친권자 또는 후견인이 그 자녀로 하여금 초등교육과 기타 법률이 정하는 교육을 받도록 취학시킬 의무를 말한다. 그런데 오늘날 의무교육제도는 국민에 대하여 보호하는 자녀들을 취학시키도록 한다는 의무부과의 면보다는 국가에 대하여 인적 · 물적 교육시설을 정비하고 교육환경을 개선하여야 한다는 의무부과의 측면이 보다 더 중요한 의미를 갖게 된다.

(6) 토지소유자에 대한 폐기물 처리명령은 환경보전의 의무인가?

토지소유자에 대한 폐기물 처리명령(헌재 2010.5.27. 2007헌바53)(합헌)

헌법 제35조 제1항은 국민의 환경권보장과 국가의 환경보전의무를 선언하고 있다. 이 사건 법률조항들은 폐기물의 발생을 억제하고 발생한 폐기물을 적정하게 처리하여 환경보전과 국민생활의 질적 향상을 도모하려는 데에 그 입법목적이 있는바, 환경의 보호는 국가의 의무일 뿐만 아니라 모든 국민이 함께 달성하여야 할 중요한 과제라는 점을 감안하면, 폐기물을 발생시키는 사업을 하는 자에게 자신의 토지를 임대하는 소유자 역시 폐기물로 인한 환경 피해가 없도록 주의하여야 할 것이다.

PART
03

국가기관

22 국가기관의 조직원리
23 정당과 선거
24 국회
25 대통령과 정부, 지방자치
26 법원과 헌법재판소
27 헌법재판과 헌법재판소

22 국가기관의 조직원리

현행 헌법은 1987년 6.10 항쟁에서 나타난 대통령직선제의 열망을 담아 개정된 헌법이다. 대통령과 같은 주요 국가기관의 조직방법에 대한 국민적 합의가 헌법에 규정되고 이러한 헌법에 따라 국가기관이 구성된다. 헌법은 모든 국민의 자유와 권리를 최대한 보장함으로써 우리 사회를 하나의 정치공동체로 통합하는 나라의 최고법이다. 그래서 헌법에는 국민의 자유와 권리를 실현하고 현실적으로 가치 있는 것으로 만들기 위한 수단과 방법을 정해 두어야 한다. 국회, 대통령, 법원, 헌법재판소, 중앙선거관리위원회 등의 국가 주요 기관은 국민의 자유와 권리의 보장하고 실현하는 방법으로서 헌법이 마련한 것이다. 헌법에 따라 국가기관을 조직하는 기본적인 원리와 제도를 살펴본다.

대의제와 권력분립

1. 대의제

국민주권은 국가의 최고 권력인 주권이 국민에게 있고, 국가권력의 정당성도 국민에게 있다는 것이다. 하지만 현대국가에서는 국민 수도 많고, 그 이해관계도 복잡하기 때문에 국민이 직접 국가의 모든 정책을 결정하는 것은 불가능하다. 그래서 대부분의 국가들은 선거를 통해 국민의 대표자를 선출하고, 선출된 대표자들에게 국가권한을 행사하게 하는데 이를 대의제라고 한다. 국민으로부터 국가권력을 위임받은 국가기관은 국민의 자유와 권리를 보장하고 실현하여 한다. 다만 국민의 대표자가 개별사안마다 자신을 뽑은 국민의 뜻을 그대로 따라야만 하는 것은 아니다. 문제가 되는 사안마다 모든 국민의 뜻이 하나로 모여지는 것은 아니기 때문에 당연할 수밖에 없다. 일단 선출된 국민의 대표는 국가이익을 우선하여 정책결정을 할 수 있다. 이처럼 대표자는 국민의 위임을 받아 국민 개개인의 의사와 독립하여 국민 전체의 의사를 형성할 권위와 책임을 가지게 되는데, 이러한 국민과 대표자 사이의 권한의 위임관계를 자유위임관계라 한다. 헌법 제46조 제2항은 "국회의원은 국가이익을 우선하여 양심에 따라 직무를 행한다."라고 하여 국회의원의 지위에 관하여 자유위임관계를 규정하고 있다.

2. 권력분립

문제는 국민의 대표는 그 권한을 남용할 가능성이 있다는 것이다. 물론 이러한 문제는 선거, 여론 형성을 통한 감시와 참여를 통해 일부 억제될 수 있지만, 이것만으로는 부족할 수밖에 없다. 그래서 국가기능을 나누어 국가기관을 조직함으로써 국가권력의 집중·남용을 차단하고, 국가기관 사이에 상호 협력과 감시를 통해 잘못된 권한행사를 억제할 수 있도록 해야 한다. 이처럼 권력분립은 법을 만드는 입법권, 법을 집행하는 행정권, 그리고 법을 해석하고 적용하여 구체적 분쟁을 해결하는 사법권으로 나누고, 어느 하나의 권력이 헌법이 정한 권한의 범위를 넘어서 행사되지 못하도록 함과 동시에 각각의 권력이 서로 견제하고 균형을 이룸으로써 개인의 자유와 권리를 보호하고 국가의 기능을 가장 적합하게 실현하고자 하는 것이다. 권력분립의 원칙에 따라 국가기관을 구성하는 경우, 법을 만드는 기관인 의회와 법을 집행하는 기관인 행정부와의 관계에 따라 권력분립의 실현형태가 달리 나타나는데, 대표적으로 대통령제, 의원내각제 같은 정부형태가 있다. 즉, 정부형태는 권력분립의 원칙이 국가권력의 조직과 기능의 실현을 통하여 구체화 되는 모습이다. 이 밖에 복수정당제에 기초한 정당 들 사이의 견제와 균형, 직업공무원제에 기초한 공무원의 전문적이고 독립적인 업무수행, 지방자치, 헌법재판제도, 중요 국가기관의 임기제 등도 권력분립의 원칙을 실현하는 중요한 방법이다.

3. 국가기관의 임기

헌법은 국회의원의 임기를 4년, 대통령의 임기를 5년, 대법원장, 대법관, 헌법재판소재판관의 임기를 6년으로 정하고 있다. 그리고 과거 대통령의 장기집권으로 인한 독재의 경험을 거울로 삼아 단임제를 규정하고 있다.

정부형태

정부형태는 의회와 행정부의 관계를 중심으로 분류할 수 있다. 대표적인 정부형태는 대통령제와 의원내각제라고 할 수 있다. 다만 오늘날 대부분의 국가는 어느 한 제도를 중심으로 다른 제도를 혼합한 절충형 정부형태를 갖고 있다.

1. 대통령제

대통령제는 미국의 경우처럼, 대통령을 중심으로 하는 행정부를 의회와 독립적으로 구성하여 국가권력을 나누는 정부형태이다. 대통령제의 본질적인 내용은 의회와 행정부의 조직과 활동이 서로 독립적으로 이루어진다는 점이며, 이를 독립성의 원리라고 한다. 대통령은 의회에서 선출되지 않고 대통령을 비롯한 행정부의 구성원들은 임기 동안 의회에 대해 정치적 책임을 지지 않는다. 의회와 행정부는 별도의 독립된 기관이기 때문이다. 다라서 대통령에게는 의회를 해산할 수 있는 권한이 없고, 행정부 구성원은 의회의 의원을 겸직할 수 없으며, 행정부는 법률안 제출권이 없다.

2. 의원내각제

의원내각제는 영국처럼 국민이 의회를 구성하고, 그 의회가 정부를 구성함으로써 국가권력을 나누는 정부형태이다. 의회를 중심으로 권력을 짜는 의원내각제에서는 국민은 선거를 통해 의회를 구성하고, 실제 나라를 이끌어갈 수상 또는 총리는 의회에서 의원들이 다수결로 뽑는다. 그렇게 뽑힌 수상이 함께 일할 장관들을 골라 내각을 구성한다. 의회는 수상을 비롯한 내각을 상대로 책임을 물어 물러나게 할 수도 있는데, 이를 내각불신임이라 한다. 이 때 수상은 의회의 불신임이 옳지 않다고 판단하면 국민의 뜻을 직접 확인하기 위해 의회해산권을 행사할 수 있고, 이렇게 의회가 해산되면 선거를 통해 새로운 의회가 구성된다.

(1) 우리나라 헌법에서는 정부형태를 어떻게 규정하고 있는가?

우리 헌법의 정부형태는 대통령제의 특징적 요소를 갖추고 있다. 우선 대통령이라는 국가기관이 존재한다. 우리나라의 대통령은 의원내각제 하의 대통령처럼 상징적인 존재가 아니라, 국가원수이자 행정부 수반으로서의 지위를 갖고 있다. 대통령과 국회는 가가 독립하여 국민의 직접선거에 의해 선출되고 구성된다. 각자 독립적으로 민주적 독립성을 보유하고 있기 때문에 각각 헌법에 정해진 임기동안 재직한다. 대통령은 재직 중 국회에 대한 정치적 책임을 이유로 불신임 받지 않고, 대통령이 국회를 해산할 수도 없다.

(2) 우리 헌법상 대통령제에 이례적인 요소

우리 헌법은 부통령 대신 국무총리를 두고 있다. 또한 정부의 법률안제출권을 인정함으로써 정부가 입법과정에 참여하는 것을 허용하고 있다. 국회의원은 국무총리나 국무위원 겸직이 가능하고, 국회는 대통령에게 국무총리나 국무위원의 해임을 건의할 수 있다. 이러한 것들은 의회와 행정부 간의 상호협력과 의존관계를 중시하는 것으로서 전형적인 대통령제 정부형태에서는 이례적인 것이다.

정당제도, 공무원제도, 선거제도

1. 정당제도

오늘날의 정치는 정당정치라고 말할 수 있을 정도로 정당을 빼놓고는 정치를 생각할 수 없다. 정당이란 국민의 다양한 정치적 의사가 국가의 정책에 반영될 수 있도록 국민의 의사와 국가정책을 이어주는 다리(bridge) 역할을 하는 정치단체를 말한다. 정당활동의 자유는 기본권으로 보장되며, 정당은 다원적인 정치적 가치의 존재를 전제로 이를 유형화 하여 국가기관의 정책결정에 반영하는 매개역할을 한다. 따라서 민주주의 원리에 따른 정당제도는 복수정당제여야 한다. 헌법 제8조 제1항은 "정당의 설립은 자유이며 복수정당제는 보장된다."고 규정하고 있다. 정당은 국가기관은 아니지만, 정치적 중요성을 갖는 국가기관의 구성과 조직에 직접 참여하거나 간접적으로 영향을 미치기 때문에 우리 헌법에서도 정당을 특별히 보호하고 있는 것이다. 헌법 제8조 제3항은 "정당은 법률이 정하는 바에 의하여 국가의 보호를 받으며, 국가는 법률이 정하는 바에 의하여 정당운영에 필요한 자금을 보조할 수 있다."고 규정하고 있다. 한편 헌법은 정당에 대하여 특별히 보호하면서도 정당활동에서 지켜야할 사항도 함께 정하고 있다. 우리 헌법 제8조 제2항에서는 "정당은 그 목적 · 조직과 활동이 민주적이어야 하며, 국민의 정치적 의사형성에 참여하는데 필요한 조직을 가져야 한다."고 규정한다.

정당이 헌법에서 정한 정당활동의 한계를 넘어선 경우에는 위헌정당해산제도에 따라 처리된다. 헌법 제8조 제4항에서 "정당의 목적이나 활동이 민주적 기본질서에 위배될 때에는 정부는 헌법재판소에 그 해산을 제소할 수 있고, 정당은 헌법재판소의 심판에 의하여 해산된다."고 규정하고 있다.

2. 공무원제도

우리 헌법은 제7조 제1항에서 "공무원은 국민전체에 대한 봉사자이며, 국민에 대하여 책임을 진다."고 규정하여 공무원의 지위와 책임에 관해 규정하고 있다. 공무원은 특정인 또는 특정단체의 이익을 위해 일하는 것이 아니라 국민 전체를 위해 법률이 정하는 바에 따라 공무를 수행해야 한다. 또한 제7조 제2항에서 "공무원의 신분과 정치적 중립성은 법률이 정하는 바에 의하여 보장된다."고 규정하고 있다. 직업공무원제도는 전문적인 능력을 갖춘 공무원이 오로지 공무에만 종사하게 함으로써 국가의 행정작용의 안정적이고 효율적으로 이루어지는 제도이다. 직업공무원은 공무에 종사하는 동안 신분이 보장되고, 생계를 유지하는데 충분한 보수를 받는다.

직업공무원에 대한 신분보장이 공무원의 정치적 중립성을 보장하는 의미도 갖고 있다. 정권이 교체될 때마다 권력자의 측근이 공직을 담당하는 엽관제도 하에서는 공무원은 자신을 임명한 권력자와 정치권의 눈치를 보며 처신할 가능성이 크지만, 직업공무원은 정권의 교체에도 불구하고 정치적으로 중립적인 지위에서 정책의 안정성과 계속성을 실현할 수 있기 때문이다. 따라서 직업공무원은 정권교체에 영향을 받지 않고, 신분이보장될 뿐만 아니라 정당한 이유 없이 해임당하지 않는다. 다만 직업공무원과 구별되는 공무원으로서 행정 각부의 장관 등과 같이 고도의 정책결정을 담당하는 정치적 공무원은 정치적 기준에 따라 임용되고, 신분이 보장되지 않는다. 그렇다면 정치적 공무원이 아닌 직업공무원의경우에는 어떠한 제한 없이 그 신분을 보장받는 것인가? 예를 들어 직무상 비위가 있는 공무원에 대한 징계 등과 같이 직업공무원의 신분도 헌법이 정한 신분보장의 원칙을 벗어나지 않는 범위 내에서는 법률로 제한될 수 있다.

3. 선거제도

(1) 선거제도의 의미

모든 국가권력은 국민으로부터 나온다는 국민주권원리의 취지대로 국가기관은 반드시 국민의 합의에 의하여 구성되어야 한다. 국민이 국회의원과 대통령을 선거로 직접 뽑는 이유도 그 때문이다. 선거제도는 대의민주주의를 실현하기 위한 가장 중요한 수단이다. 국민은 대표자를 선출하는 선거를 통해 국가권력의 조직에 참여하게 되고, 대표자에게 국가권력을 행사할 권한을 위임하게 된다. 또한 국민은 선거를 계기로 정치적 의사를 형성하고, 교환 및 전달하고, 국정에 대한 통제도 할 수 있게 된다. 선출된 국민의 대표가 민주적 정당성을 부여받기 위해서는 무엇보다도 민주적 선거원칙에 따라 민주적 선거가 이루어져야 한다. 우리 헌법에도 이와 관련된 규정이 있다. 헌법 제41조 제1항은 국회의원 선거에 대하여, 헌법 제67조 제1항은 대통령 선거에 대하여 보통, 평등, 직접, 비밀선거의 원칙에 관해 규정하고 있다.

(2) 보통선거의 원칙

보통선거의 원칙은 납세액이나 재산, 인종, 성별 등을 선거권의 요건으로 하는 제한선거에 반대되는 것으로, 개인의 능력이나 사회적 신분을 요건으로 하지 않고 일정한 연령에 달한 모든 국민에게 선거권을 인정하는 것이다.

(3) 평등선거의 원칙

평등선거는 크게 두 가지 내용을 담고 있다. 첫 번째는 선거권자는 1인 1표를 행사한다는 투표의 수적 평등이고, 두 번째는 1표의 투표가치가 대표자 선정이라는 선거결과에 기여한 정도도 평등해야 한다는 투표의 성과가치의 평등이다. 그래서 선거구획정에 있어서 선거구간 인구비율의 차이가 지나치게 큰 경우 평등선거의 원칙에 위배된다는 얘기가 나오게 된다.

(4) 직접선거의 원칙

직접선거의 원칙은 선거결과가 중간선거인이나 정당 등에 의하지 않고 선거권자의 투표에 의해 직접 결정되어야 한다는 원칙이다. 과거 국회의원선거에 있어서 지역구 입후보자에 대한 투표가 해당 입후보자가 소속한 정당에 대한 지지로 간주되어 비례대표 의석배분에 반영된 경우가 있었다. 헌재의 위헌결정에 따라 현행 공직선거법에서는 유권자가 지역구 국회의원 후보자에 대한 1표와 정당에 대한 1표를 별도로 행사하도록 하고 있다.

(5) 비밀선거의 원칙

비밀선거의 원칙은 다른 사람의 간섭을 받지 않고 선거권자의 독자적인 판단에 의해 선거할 수 있도록 투표의 비밀을 보장하는 원칙이다.

(6) 자유선거의 원칙

선거의 전 과정에서 선거권자의 의사형성의 자유와 의사실현의 자유가 보장되어야 한다는 원칙이다. 구체적으로는 투표의 자유, 입후보의 자유, 나아가 선거운동의 자유를 뜻한다. 헌법재판소는 이러한 자유선거의 원칙도 헌법상 선거에 관한 기본원칙 중 하나로 보고 있다.

(7) 선거의 공정성

선거의 자유가 보장되기 위해서는 기회가 균등해야 하고, 공정한 선거관리가 이루어져야 한다. 특히 경제적 능력의 차이가 선거운동의 불평등을 낳고 대표자 선출에 반영되는 것을 방지할 필요가 있다. 헌법 제116조 제1항에서는 "선거운동은 각급 선거관리위원회의 관리 하에 법률이 정하는 범위 안에서 하되, 균등한 기회가 보장되어야 한다."고 규정하고, 또 헌법 제116조 제2항에서는 "선거에 관한 경비는 법률이 정하는 경우를 제외하고는 정당 또는 후보자에게 부담시킬 수 없다."고 하여 선거공영제를 원칙으로 하고 있다.

민주주의 발전에 중요한 역할을 한 4 · 19혁명은 3 · 15부정선거를 계기로 촉발되었다. 대의민주주의의 실현을 위해서는 무엇보다도 각종 선거가 공정하게 실현되어 한다. 공정한 선거관리를 위한 기구에 대해서 현행 헌법은 어떻게 정하고 있는가?

헌법은 선거와 국민투표의 공정한 선거관리 사무를 처리하기 위해 선거관리위원회를 독립된 헌법기관으로 두고 있다. 중앙선거관리위원회는 대통령이 임명하는 3인, 국회에서 선출하는 3인과 대법원장이 지명하는 3인의 위원으로 구성되는데, 위원의 임기는 6년이고 위원장은 위원 중에서 상호 선출한다. 중앙선거관리위원회 위원은 정치적 중립성을 보장하기 위해 정당에 가입하거나 정치에 관여할 수 없다. 이에 상응하는 신분이 보장되어 탄핵 또는 금고 이상의 형의 선고에 의하지 아니하고서는 파면되지 아니한다. 또한 중앙선거관리위원회는 법령의 범위 안에서 선거관리 · 국민투표관리 또는 정당사무에 관한 규칙을 제정할 수 있으며, 법률에 저촉되지 않는 범위 안에서 내부규율에 관한 규칙을 제정할 수 있다. 또한 각급 선거관리위원회의 조직 · 직무범위 기타 필요한 사항은 법률로 정하며, 각급 선거관리위원회는 선거명부의 작성 등 선거사무와 국민투표사무에 관하여 관계행정기관에 필요한 지시를 할 수 있다. 이러한 지시를 받은 행정기관은 이에 응해야 한다.

23 정당과 선거

정당 역시 국민의 다양한 정치적 의사를 국가정책에 반영하는 정치적 매개역할을 하고 있어 민주주의 실현을 위해 없어서는 안 될 주요한 공적 기능을 담당하고 있다. 정당은 국민의 선거에 의하여 구성된다. 모든 국민은 평등하게 선거권을 행사할 수 있어야 한다는 것은 중요하다. 선거운동의 자유는 선거과정에서 의사를 자유롭게 표현하는 자유, 즉 정치적 표현의 자유중 하나인데, 선거권을 제대로 행사하려면 선거운동의 자유가 반드시 보장되어야 한다.

선거를 통해 대표자를 선출해 국가권력 맡기는 대의제 민주주의 하에서 대표자를 선출하고 선출된 대표자에게 정당성을 부여하는 선거와 국민의 다양한 정치적 의사를 국가정책에 반영하도록 매개하는 정당은 민주주의 실현을 위해 필수적이다. 선거와 정당에 관련된 기본권이라 하더라도 제한이 가능하지만, 헌법 제37조 제2항의 한계를 엄격히 준수해야 한다. 헌법 제8조 제1항은 정당의 설립은 자유이며 복수정당제는 보장된다고 규정하고 있다. 정당설립의 자유에는 정당가입의 자유 및 정당활동의 자유도 포함되어 있다.

⊙ 헌법재판소 판례

(1) 집행유예 기간 중에는 투표할 수 없는가?

집행유예자의 투표권(헌재 2014.1.28. 2012헌마409등)(위헌)

A는 시민단체 조직국장으로 활동하던 중 정부정책에 항의하기 위해 정부청사 점거농성을 주도했다가 체포되어 업무방해죄로 기소되어, 징역 4월에 집행유예 2년을 선고받았다. 집행유예자의 선거권 제한 조항은 A의 기본권을 침해하는 것일까?

범죄자에 대한 선거권 제한조항은 공동체 구성원으로서 반드시 지켜야할 기본적 의무를 저버린 범죄자에게 까지 국가조직의 구성에 참여하도록 하는 것은 바람직하지 않다는 기본적 인식과 반사회적 행위에 대한 사회적 제재의 의미를 가지고 있다. 범죄자에 대하여 형벌과는 별도로 선거권을 박탈하는 것은 범죄자는 물론 일반 국민의 시민으로서의 책임성과 법치주의에 대한 존중의식을 높이는데 기여할 수 있다. 그렇지만 구체적인 범죄종류나 내용 및 불법성의 정도 등과 관계없이 일률적으로 범죄자의 선거권을 제한할 필요성은 없다. 보통선거의 원칙에 따르면, 선거권의 박탈은 필요최소한에 그쳐야 한다. 특히 집행유예자는 집행유예선고가 실효되거나 취소되지 않는 한 교정시설에 구금되지 않고 일반인과 동일한 사회생활을 하고 있으므로 선거권 제한의 필요성이 크지 않다. 따라서 집행유예자의 선거권을 제한하는 공직선거법 조항은 선거권을 침해하여 헌법에 위반된다.

(2) 유권자 수는 많은데 국회의원 수는 왜 같은가?

선거구 획정과 평등선거원칙(헌재 2014.10.30. 2012헌마192등)(위헌)

A는 용인시 기흥구 동백동에 주민등록을 마친 선거권자이다. 동백동에 속한 갑선거구 인구수는 30만 명 정도이다. 다른 선거구의 평균 인구수는 약 20만 명 정도이고, 가장 인구수가 적은 선거구의 인구는 약 10만 명 정도인 것과 비교하면, 인구수가 꽤 많은 편이다. 평균 인구수 기준 상하 50%를 인구편차 허용기준으로 삼은 선거구 획정은 A의 기본권을 침해하는 것일까?

인구편차 상하 50% 기준을 적용하여 선거구를 나누게 되면 한 사람의 투표가치가 다른 한 사람의 투표가치에 비하여 3배의 가치를 가지는 경우도 발생한다. 이는 투표가치가 지나치게 불평등한 것이다. 더구나 우리나라와 같이 하나의 선거구에서 1명의 국회의원을 선출하는 선거제도 하에서 인구편차 상하 50%의 기준을 따를 경우, 인구가 적은 지역에서 당선된 국회의원의 득표수보다 인구가 많은 지역구에서 낙선된 후보자의 득표수가 더 많은 경우가 발생할 가능성이 있다. 이것은 대의민주주의 관점에서 결코 바람직하지 않다. 따라서 현재 시점에서 헌법이 허용하는 인구편차의 기준 인구편차 상하 $33\frac{1}{3}$%, 인구비례 2:1을 넘지 않는 것이어야 한다. 전국 선거구의 평균 인구수는 약 20만 명인데, 경기도 용인시 갑선거구의 인구수는 이보다 47.7%가 더 많다. 이것은 헌법이 허용한 인구편차의 범위를 벗어난 것이다. 결국 평균 인구수 기준 상하 50%를 인구편차 허용기준으로 삼아 획정된 선거구 구역표는 A의 선거권과 평등권을 침해하여 헌법에 위반된다.

(3) 인터넷 선거운동도 하면 안 되는가?

인터넷 선거운동금지(한정위헌)(헌재 2011.12.29. 2007헌마1001등)(위헌)

A는 자신이 운영하는 인터넷 신문 사이트에 한 대통령선거 후보자에 대하

여 글을 게재하였다. B는 자신이 지지하거나 반대하는 후보자에 대한 동영상을 블로그에 게시하였다. A와 B는 공직선거법에서 정하지 않은 방법으로 선거운동을 하였다는 이유로 형사재판을 받게 되었는데, 요즘 같은 세상에 인터넷으로 선거운동을 못하는 것은 표현의 자유에 대한 침해가 아닌가하고 생각하였다. A와 B에게 적용된 공직선거법 조항은 이들의 기본권을 침해하는 것일까?

선거에 영향을 미치기 위해 정당 또는 후보자를 지지 또는 추천하거나 반대하는 내용이 포함되어 있는 문서 · 도화 등을 배부 · 게시하는 행위는 정치적 의사표현 및 선거운동의 자유에 속한다. 대의민주주의 정치체제 하에서 이러한 자유에 대하여는 자유를 원칙으로 금지를 예외로 하여야 한다. 인터넷을 통한 정보전달의 경우에는 정보를 접하는 사람이 자발적 · 적극적으로 선택한 경우에만 정보를 수용하게 된다. 그리고 정치적 선거과정에서 발생하는 정치적 관심과 열정의 표출을 반드시 부정적으로 볼 것은 아니다. 인터넷 선거운동의 부작용에 대한 우려가 있지만, 선거부정을 감시하는 사이버선거부정감시단이 상시적으로 운영되고 있고, 후보자에 대한 인신공격적 비난이나 허위사실 적시를 통한 비방 등을 규제하기 위한 법률조항들이 이미 마련되어 있다. 인터넷을 이용한 의사소통이 보편화되고, 각종선거가 빈번한 현실에서 선거일 전 180일부터 선거일까지 장기간 동안 인터넷상 정보게시 등을 금지하는 공직선거법 조항은 정치적 표현의 자유와 선거운동의 자유를 침해한다.

(4) 언론인은 선거운동을 하면 안 되나요?

언론인의 선거운동 금지(헌재 2016.6.30. 2013헌가1)(위헌)

인터넷신문 발행인 A와 주간신문 사회팀장인 B는 토크 콘서트를 열고 국회의원선거에 출마한 후보자 C를 지지해달라고 청중들에게 호소하였다. 당시 공직선거법은 "언론인은 선거운동을 할 수 없다"고 규정되어 있었고, A와 B는 공직선거법 위반을 이유로 기소되었는데, 언론인의 선거운동 제한 조항은 과연 헌법에 위반되는 것일까?

선거운동의 자유도 무제한으로 인정되는 것은 아니고, 선거의 공정을 위해 제한될 수 있다. 다만 선거는 국민주권행사의 일환이고, 민주사회를 구성하고 움직이게 하는 요소이므로 제한에 신중을 기하여야 한다. 언론인의 선거운동을 제한하는 공직선거법 조항은 언론이 공직선거에 미치는 영향력 및 언론의 공익성과 사회적 책임성을 고려하여 언론인의 선거개입 또는 편향된 영향력 행사를 금지하는 것이다. 그러나 언론인의 선거개입으로 인한 문제는 언론인으로서의 지위를 이용하는데서 발생하는 것이므로 언론매체를 이용하지 아니한 언론인 개인의 선거운동까지 전면적으로 금지할 필요는 없다. 인터넷신문을 포함한 언론매체가 대폭 증가하고 시민이 언론에 적극 참여하는 것이 보편화된 오늘날 규제대상 언론인의 범위는 매우 넓다. 한편 공직선거법은 언론기관에 대하여 공정보도의무를 부과하고, 언론매체를 통한 활동이 선거의 공정성을 해하는 경우에는 다양한 관점에서 이미 충분히 언론매체 활동을 규제하고 있다. 따라서 언론인의 선거운동 일체를 금지하는 조항은 언론인의 선거운동의 자유를 침해하여 헌법에 위반된다.

(5) 정당은 정치후원금을 받으면 안 되는가?

정당후원회 금지(헌재 2015.12.23. 2013헌바168)(위헌)

S정당 사무총장인 A와 회계담당자인 B는 저당후원회제도가 폐지되어 정당이 개인으로부터 직접 후원금을 기부 받을 수 없게 되자 당원으로서의 권리 · 의무가 없는 후원당원제도를 이용하여 저치자금을 받았다. 그리고 A와 B는 정치자금법에 규정되지 않은 방법으로 정치자금을 주고받아 정치자금법

을 위반했다는 이유로 기소되었다. 정당이 정치자금을 받지 못하는 것은 정치적 의사표현의 자유를 침해하는 것이 아닌가? 아울러 정당활동의 자유도 침해하는 것으로 생각했다. 정당에 대한 재정적 후원을 금지하고 처벌하는 정치자금법 조항은 과연 헌법에 위반될까?

정당의 활동비용을 마련하기 위해 정당의 후원회를 지정 · 운영하는 것을 금지하고 국민이 재정적 후원을 통해 정당을 지지하지 못하도록 하는 것은 정당의 정당활동의 자유와 국민의 정치적 의사표현의 자유를 모두 제한한다. 정당후원회의 금지는 불법 정치자금 수수로 인한 정경유착을 막고 정당운영의 투명성과 도덕성을 제고하기 위한 것이다. 그러나 정경유착의 문제는 일부 재벌기업과 부패한 정치세력에 국한된 것이고, 대다수 유권자들과는 직접적인 관련이 없다. 따라서 일반 국민의 정당에 대한 정치자금의 기부를 원천적으로 봉쇄할 필요는 없다. 그리고 기부 및 모금한도액의 제한, 기부내역 공개 등의 방법으로 정치자금의 투명성을 충분히 확보할 수 있다. 정치자금 중 당비는 반드시 당원으로 가입해야만 납부할 수 있다. 따라서 정당법상 정당가입이 금지되는 공무원 등 국민의 경우에는 자신이 지지하는 정당에 재정적 후원을 할 수 있는 방법이 없다. 그리고 현행 기탁금제도는 기부자가 특정 정당에 후원하는 것과는 전혀 다른 제도이므로 이로써 정당후원회를 대체할 수 없다. 따라서 정당후원회를 금지하고 처벌하는 정치자금법 조항은 정당활동의 자유와 정치적 표현의 자유를 침해하여 헌법에 위반된다.

정당후원회금지 조항에 대한 헌법재판소의 헌법불합치 결정이 있은 후, 국회는 2017.6.30일 헌법재판소의 결정 취지에 따라 정치자금법을 개정했다. 국회는 정당활동에 필요한 정치자금의 원활한 조달을 도모하고 국민의 정치적 의사표현의 자유를 보장하기 위해 정당후원회를 허용했다. 다만 2004년 정당후원회를 폐지했던 정치개혁의 취지를 고려해 중앙당에만 후원회를 설치하도록 했다.

(6) 공무원은 정당에 가입할 수 없나요?

공무원의 정당가입 금지(헌재 2014.3.27. 2011헌바42)(합헌)

초등학교 교사 A, 중학교 교사 B는 국공립학교의 교원으로서 국가공무원이다. A와 B는 교원의 권익을 보호하는 정책을 제시한 K정당의 당원으로 가입하여 당원회비를 납부하였다. 그런데 정당법 및 국가공무원법은 공무원의 정당가입을 금지하고 있어 A와 B는 정당법 및 국가공무원법 위반으로 형사재판을 받게 되었다. 이들은 단지 공무원이라는 이유로 정당가입이 안 된다는 것은 말도 안 된다고 생각했다. 과연 공무원의 정당가입금지 조항은 헌법에 위반되는 것일까?

헌법은 정당설립의 자유만을 명시하고 있지만, 여기에는 국가의 간섭을 받지 않고 자유롭게 정당에 가입하거나 정당으로부터 탈퇴할 자유가 포함되어 있다. 그럼에도 불구하고 공무원의 정당가입을 금지하는 것은 공무원의 정치적 중립성을 보장하기 위한 것이다. 특히 초중등학교 교육공무원의 경우, 미성숙한 학생들의 가치판단에 중대한 영향을 줄 수 있으므로 교육의 중립성 확보가 필요하다. 공무원의 정치적 행위는 직무내의 것인지 직무 외의 것인지 구분하기 어렵다. 공무원의 정당가입이 허용된다면 공무원의 정치적 중립성에 대한 국민의 기대와 신뢰는 유지되기 어렵다. 공무원의 행위가 국민에게 미치는 영향력을 생각해 보면, 직무내의 정당활동에 대한 규제만으로는 공무원의 근무기강을 확립하고 정치적 중립성을 확보하는데 충분하지 않다. 그리고 공무원은 정당의 당원이 될 수 없을 뿐 정당에 대한 지지의사를 선거와 무관하게 개인적인 자리에서 밝히거나 선거에서 지지정당에 투표하는 등 일정한 범위 내의 정당관련 활동을 할 수 있다. 따라서 정당가입금지조항은 공무원의 정당가입의 자유를 과도하게 침해하지 않고 헌법에 위반되지 않는다.

24 국회

미국 독립전쟁 원인 중 대표적인 것으로 당시 식민지 미국에 대한 영국의 과도한 조세정책을 들 수 있다. 이것을 상징적으로 보여주는 사건이 1773년에 있었던 보스턴 차 사건을 들 수 있다. 이 사건은 동인도 회사에 차 무역 독점권을 준 영국의 관세법에 항의하여 보스턴 시민들이 배에 실려 있던 차를 바다에 버린 사건이다. 조세정책과 민주주의 그리고 미국의 독립은 어떠한 관계가 있는가? 당시 미국에 살고 있던 식민지인들의 대표적인 구호가 "대표 없이 과세 없다"는 것이었다. 국가가 국민에게 세금을 부과하는 일, 그밖에 국가의 중요한 일은 국민다수에 따라, 즉 일반 국민에 의해 뽑힌 대표들이 정해야 한다는 것이다. 당시 영국으로부터 독립한 미국의 정치체제도 이러한 생각에 바탕을 두고 만들어 졌다. 우리나라도 국가의 중요한 일은 국민이 직접 뽑은 국회의원들로 구성된 국회에서 법률로 정하고 있다. 국회를 "민의의 전당"이라고 하는 이유도 국회를 구성하는 국회의원을 국민이 직접 뽑고, 국회가 국민을 대표하여 정치를 이끌어 가기 때문이다.

국회의 구성과 운영방식

1. 국회의 구성

일반적으로 의회를 구성하는 방법은 단원제와 양원제로 구분된다. 단원제는 단일의 의회를 통해 의사결정을 하고 이로써 국민의 의사를 대의하는 경우이다. 양원제는 예를 들어 연방국가의 경우에 하원은 국민 전체를 대표하고, 상원은 각주의 대표로 구성하는 것과 같이 의회를 두 개의 원으로 나누어 구성하는 경우이다.

우리 헌법상 국회는 단원제를 채택하고 있다. 이에 따라 국회의장도 한 명이다. 헌법 제48조는 의장 1명과 부의장 2명을 두도록 하고 있다. 국회는 국민에 의해 직접 선출된 국회의원으로 구성된다. 우리 헌법 제41조 제2항은 "국회의원 수는 법률로 정하되 200인 이상으로 한다."고 규정하고 있다. 현재 우리나라 국회의원 재적은 300명이다. 국회의원은 선거를 통해 대표자를 선출하는 방식으로, 다수대표제는 선거구에서 다수의 득표를 얻은 후보자를 선출하고, 비례대표제는 정당에 대한 선거권자의 지지에 비례하여 대표자들의 의석을 배분한다. 헌법 제41조 제3항에서는 "국회의원의 선거구와 비례대표제 기타 선거에 관한 사항은 법률로 정한다."고 규정한다. 현재 우리나라 국회는 지역구에서 다수대표제로 선출된 지역구 국회의원 253명과, 정당명부식 비례대표 선출에 의한 비례대표 국회의원 47명으로 구성된다.

2. 국회의 운영방식

(1) 입법기와 회기

입법기는 국회의원 총선거에 의해 구성된 국회가 집회하여 국회의원들의 임기가 종료될 때까지를 의미한다. 회기는 같은 입법기 내에서 회의가 개회되어 폐회될 때까지의 기간을 의미한다.

(가) 정기회와 임시회(헌법 제47조)

① 국회의 정기회는 법률이 정하는 바에 의하여 매년 1회 집회되며, 국회의 임시회는 대통령 또는 국회재적의원 4분의 1 이상의 요구에 의하여 집회된다. ② 정기회의 회기는 100일을, 임시회의 회기는 30일을 초과할 수 없다. ③ 대통령이 임시회의 집회를 요구할 때에는 기간과 집회요구의 이유를 명시하여야 한다.

(나) 회기계속의 원칙

국회에 제출된 법률안 기타의 의안은 회기 중에 의결되지 못한 이유로 폐기되지 아니한다. 다만, 국회의원의 임기가 만료된 때에는 그러하지 아니하다(헌법 제51조). 따라서 단서 조항에 따라 해당 입법기가 종료할 때에는 의안이 폐기된다.

(2) 교섭단체

교섭단체는 원칙적으로 국회에 일정 수 이상의 의석을 가진 정당에 소속된 의원들로 구성되는 원내단체를 의미한다. 정당의 정강정책을 소속 의원들을 통해 의안심의에 최대한 반영하는 기능을 한다. 교섭단체의 구성에 관해 보면 국회에 20명 이상의 소속의원을 가진 정당은 하나의 교섭단체를 구성할 수 있고, 다른 교섭단체에 속하지 아니하는 20명 이상의 의원은 따로 교섭단체를 구성할 수 있다. 이렇게 구성된 교섭단체는 국회 내 상임위원회 구성에 일정한 역할을 담당한다. 상임위원회의 구성은 교섭단체 의원수의 비율에 따라 교섭단체 대표의원의 요청으로 의장이 선임 및 개선한다.

(3) 위원회

위원회는 국회의원 가운데서 소수의 의원을 선임하여 구성되는 국회의 내부기관이다. 동시에 본회의 심의 전에 회부된 안건을 심사하거나 그 소관에 속하는 의안을 입안하는 국회의 합의체기관이다. 위원회 제도는 국회의원 전원이 고도의 기술적이고 복잡·다양한 내용의 방대한 안건들을 처리할 능력과 시간적인 한계를 극복하기 위한 것이다. 위원회의 역할은 회부된 안건을 심사하여 본회에 회부할 것인지 여부를 결정하고 안건이 본회의에 회부될 경우 그 심사결과를 본회의에 보고하여 판단자료를 제공하는 것이다. 국회의 위원회에는 상임위원회와 특별위원회가 있다. 상임위원회는 국회운영위원회를 비롯하여 행정부의 부처분류에 상응하는 위원회 등 16개를 두고 있다. 특별위원회는 여러 개의 상임위원회 소관사항과 관련되거나, 특히 필요하다고 인정한 안건을 효율적 심사하기 위하여 본회의 의결로 구성되는 위원회이다.

(4) 의결정족수와 일사부재의의 원칙

국회는 헌법 또는 법률에 특별한 규정이 없는 한 재적의원 과반수의 출석과 출석의원 과반수의 찬성으로 의결한다. 가부동수인 때에는 부결된 것으로 본다(헌법 제 49조). 다만 헌법개정이나 대통령탄핵소추와 같이 중요한 문제들은 전체 국회의원 2/3이상의 찬성이 필요하다. 이렇게 특별히 의사결정을 하기 어렵게 만든 이유는 국가의 중요한 문제를 국회 내 다수당 또는 다수세력이 쉽게 자기 마음대로 결정하는 것을 막기 위함이다. 따라서 가부동수인 때, 즉 의안에 대한 찬성과 반대의 표수가 같을 때에는 부결된 것으로 본다(헌법 제

49조). 또 부결된 안건은 같은 회기 중에 다시 발의 또는 제출하지 못한다(국회법 제92조)고 하여 일사부재의의 원칙을 규정하고 있다.

국회의 의사결정은 다수결의 방법을 따르지만, 다수결의 방법이 충분한 것은 아니다. 즉 다수결에 이르는 과정에서 반드시 자유롭고 신중한 토론을 거쳐야 한다. 국회의원들은 제안 · 질의 · 토론 등 심의과정을 거쳐 자유로운 의견을 개진하고 표결로 의결한다. 그러므로 자유로운 질문과 토론, 소수의견에 대한 존중 및 반대의견에 대한 설득의 기회가 있어야 한다. 만약 질의와 토론의 과정에서 소수파의 토론기회를 박탈한 채 표결을 진행하여 의결한다면 이에 참여하지 못한 국회의원들의 심의 · 표결권을 침해하게 된다.

(5) 의사공개의 원칙

헌법 제50조 제1항은 국회의 회의는 공개한다고 하여 국회의 회의에 관해 의사공개의 원칙을 규정하고 있다. 국회의 의사공개의 원칙은 주권자인 국민의 정치적 의사형성과 참여, 의정활동에 대한 감시와 비판을 가능하게 하며 의사결정의 공정성을 담보한다. 의사공개의 원칙은 방청 및 보도의 자유와 회의록 공표에 적용되며, 본회의, 위원회의 회의에도 적용된다. 다만 의사공개의 원칙은 절대적인 것은 아니다. 출석의원 과반수의 찬성이 있거나 의장이 국가의 안전보장을 위하여 필요하다고 인정할 때에는 공개하지 아니할 수 있다(헌법 제50조 제1항 후문).

(6) 국회의 자율권

국회는 법률에 저촉되지 아니하는 범위 안에서 의사와 내부규율에 관한 규칙을 제정할 수 있다(헌법 제 64조 제1항). 국회는 의원의 자격심사 · 징계 · 제명에 관한 자율적 결정을 할 수 있다. 국회는 국민의 대표기관이자 입법기관으로서 의사와 내부규율 등 국회운영에 관하여 폭넓은 자율권을 가지며, 국회의 의사절차나 입법절차에 헌법이나 법률을 명백히 위반한 흠결이 있지 않는 한 국회의 자율권은 존중된다.

국회의 권한

1. 입법에 관한 권한

국회의 가장 고유한 권한은 법률을 만드는 권한, 즉 입법권이다. 입법권과 관련하여 국회는 헌법개정안 의결권과 조약의 체결 · 비준에 대한 동의권도 갖는다.

(1) 헌법개정안 의결권

헌법개정안 제안은 국회 재적의원 과반수 또는 대통령의 발의로 제안한다. 대통령이 20일 이상 공고하고, 공고 이후 헌법개정안 의결은 국회 재적의원 2/3이상의 찬성으로 의결한다. 헌법개정안 확정은 국회의결 이후 30일 이내에 국민투표를 거쳐 확정한다.

(2) 법률의 제정과 개정

법률의 제정과 개정은 국회의원 10명 이상 또는 정부가 법률안을 제출하는 것으로 시작된다. 대통령제 국가에서는 원칙적으로 국회만 법률의 제정 또는 개정을 제안할 수 있지만, 우리 헌법상으로는 정부도 법률안의 제정 또는 개정안을 제안할 수 있다. 법률안이 제출되면 소관 상임위원회의 심사를 거쳐 본회의에 회부된다. 본회의에서 재적의원 과반수 출석과 출석의원 과반수의 찬성으로 의결되면 법률안은 정부로 이송되어 15일 이내에 대통령이 공포한다. 이 때 특별한 규정이 없는 한 공포 후 20일이 경과하면 법률의 효력이 발생한다.

2. 재정에 관한 권한

(1) 예산의 심의 및 확정 · 결산의 심사

국회는 예산의 심의 및 확정, 결산의 심사 등 국가의 재정, 즉 나라의 살림살이에 관한 권한을 갖고 있다. 예산은 한 회계연도의 국가의 총수입과 총지출을 예정한 것이다. 헌법상 예산안의 편성은 정부가 하고, 예산안의 심의 및 확정은 국회가 하도록 하고 있다. 정부는 회계연도마다 예산안을 편성하여 회계연도 개시 90일 전 까지 국회에 제출하여야 하고, 국회는 회계연도 개시 30일 전 까지 예산안을 의결해야 한다. 또 정부는 예산안에 변경을 가할 필요가 있을 때에는 추가경정예산안을 편성하여 국회에 제출할 수 있다. 국회는 정부의 동의 없이 지출예산의 각항의 금액을 증가시키거나 새 비목을 설치할 수 없다. 세입 · 세출의 결산에 관해서는 매년 감사원이 검사하여 대통령과 차년도 국회에 그 결과를 보고해야 한다.

만일 결산의 심사결과 위법 또는 부당한 사항이 있을 경우에는 어떻게 하는가? 그러한 경우에는 국회 본회의 의결 후 정부 또는 해당기관에 변상 및 징계조치 등 시정을 요구하고, 정부 또는 해당기관은 시정요구를 받은 사항을 지체 없이 처리하여 그 결과를 국회에 보고해야 한다. 또한 국채를 모집하거나 예산 외 국가의 부담이 될 계약을 체결할 경우에도 정부는 미리 국회의 의결을 얻어야 한다.

(2) 조세법률주의

국가 예산의 대부분은 조세를 통해 충당하게 된다. “대표 없이 과세 없다”라는 말처럼 국민의 대표인 국회가 제정한 법률의 근거 없이 국가는 조세를 부과하거나 징수할 수 없고, 국민은 조세의 납부를 요구받지 않는다. 이를 조세법률주의라 한다. 모든 국민은 법률이 정하는 바에 의하여 납세의 의무를 지고(헌법 제38조), 조세의 종목과 세율은 법률로 정한다(헌법 제59조). 조세법률주의의 이념은 과세요건을 법률로 규정하여 국민의 재산권을 보장하고, 과세요건을 명확하게 규정하여 국민생활의 법적 안정성과 예측가능성을 보장하는데 있다. 또한 조세법의 목적과 내용은 기본권 보장의 헌법이념과 이를 뒷받침하는 헌법상 여러 원칙에 합치되어야 한다. 나아가 조세법률은 조세평등주의에 따라 헌법 제11조 제1항에 따른 평등의 원칙에도 어긋남이 없어야 한다.

3. 국정통제권

(1) 국회의 국정행위에 대한 동의 · 승인

국회는 중요한 대통령의 국정행위에 대하여 동의 또는 승인 등의 권한을 갖는다. 우선 국회는 법률과 같은 효력을 가지는 중요한 조약의 체결 · 비준에 대한 동의권을 가지며, 선전포고나 국군의 해외파견 및 외국군대의 국내주류에 대한 동의권을 갖는다. 또한 대통령이 긴급재정 · 경제처분 및 명령, 긴급명령을 내릴 때에는 국회의 승인을 얻어야 하며, 대통령이 계엄을 선포했을 때 해제를 요구할 수 있다. 대통령이 일반사면을 단행하려면 국회의 동의를 얻어야 한다.

(2) 국정감사권과 국정조사권

국정감사는 정부가 나라의 운영을 잘했는지를 전반적으로 살피는 것으로 매년 한 차례 이루어지며, 국정조사는 특별히 사회적으로 문제되는 국정 사안에 대하여 시기나 횟수에 관계없이 조사하는 것이다. 국회는 국정감사 또는 국정조사에 필요한 서류의 제출, 증인의 출석과 증언, 의견의 진술을 요구할 수 있다. 국회나 위원회는 국무총리 · 국무위원 · 정부위원의 출석 · 답변을 요구할 수 있다. 또한 국회는 대통령에게 국무총리 · 국무위원의 해임을 건의할 수 있고, 대통령을 포함한 고위공직자가 그 직무를 수행함에 있어 헌법이나 법률을 위반한 경우 탄핵소추를 의결할 수 있다.

(3) 국가기관의 구성에 관련된 권한

대법원장 및 대법관, 헌법재판소장, 국무총리, 감사원장 등 헌법기관의 중요구성원 들은 국회의 동의가 있어야 대통령이 임명할 수 있다. 그리고 장관과 같이 그 임명에 국회의 동의가 필요 없는 경우라도 국회는 인사청문회를 실시하여 그 자격을 공개적으로 심사할 수 있다. 한편 헌법재판소 재판관 중 3명, 중앙선거관리위원회 위원 중 3명을 국회에서 선출한다.

국회의원의 지위와 특권

1. 국회의원의 지위

국회의원은 국민 전체의 대표이기 때문에, 누구의 지시나 간섭을 받지 않고, 국가이익을 우선하여 양심에 따라 직무를 행한다. 또한 현대 정당민주주의의 발전과 더불어 국회의원은 소속정당의 공천을 받아 지원이나 그 배경 아래 당선되고, 한편으론 당원의 한 사람으로서 정당의 규율이나 당론 등의 영향을 받아 정당의 이념을 대변하는 지위도 함께 갖는다.

2. 국회의원의 의무

헌법상 국회의원은 청렴의 의무가 있다. 또한 국회의원은 법률이 정하는 직을 겸할 수 없고, 그 지위를 남용하여 국가, 공공단체, 또는 기업체와의 계약이나 그 처분에 의하여 재산상의 권리, 이익 또는 직위를 취득하거나, 타인을 위하여 그 취득을 알선할 수 없다.

3. 국회의원의 특권

국회의 의사결정은 외부의 간섭 없이 자유로운 토론과 표결을 통해 이루어져야 한다. 이러한 국회의 의사결정과정을 보호하기 위해 국회의원에게는 불체포특권과 면책특권이 주어진다. 불체포특권은 현행범인인 경우를 제외하고는 회기 중 국회의 동의 없이 체포 또는 구금되지 않는 것을 말한다. 면책특권은 국회에서 직무상 행한 발언과 표결에 관하여 국회 밖에서 책임을 지지 않는 것을 말한다. 국회의원의 불체포특권과 면책특권은 국회의원이 수사기관 등 행정부의 간섭으로부터 자유롭게 정당한 권한을 행사하고, 법적 구속을 받지 않는 자유로운 토론과 표결을 할 수 있도록 보호하기 위한 것이다.

국가의 중요한 일들은 원칙적으로 국회가 제정한 법률로 규율한다 하더라도, 모든 사항을 법률로 정하기는 어렵다. 현대사회가 점점 복잡해지고 다양해지면서 사회변화에 신속하게 대처하는 것은 점점 어려워지고 있다. 따라서 사회변화에 따른 기술적이고 세부적인 사항은 정부가 대통령령 등 하위법령에서 정하도록 위임할 수 있다. 하지만 국회가 반드시 법률로 정해야 할 중요한 사항을 정부가 정하도록 그대로 넘기는 것은 허용되지 않는다. 본질적이고 중요한 사항에 대한 규율은 반드시 국회가 제정한 법률에 규정되어야 하기 때문이다. 이에 관하여 우리 헌법은 제75조에서 "대통령은 법률에서 구체적으로 범위를 정하여 위임받은 사항과 법률을 집행하기 위하여 필요한 사항에 관하여 대통령령을 발할 수 있다."고 하여 위임입법의 근거와 한계를 제시하고 있다.

25 대통령과 정부, 지방자치

대통령의 권한과 책임이 막중하기 때문에 대통령은 취임에 즈음하여 다음의 선서를 한다. "나는 헌법을 준수하고 국가를 보위하며 조국의 평화적 통일과 국민의 자유와 복리의 증진 및 민족문화의 창달에 노력하여 대통령으로서의 직책을 성실히 수행할 것을 국민 앞에 엄숙히 선서합니다"(헌법 제69조). 대통령은 국정의 최고책임자인 동시에 행정부의 최고책임자의 지위를 갖는다. 대통령령의 지위와 권한, 행정부의 구성과 권한, 지방자치의 의미와 내용을 살펴보기로 한다.

대통령의 지위와 권한

1. 국가의 원수 및 행정부의 수반

(1) 국가의 원수

대통령은 국정의 최고책임자로서 외국에 대하여 국가를 대표하고, 국가의 독립 · 영토의 보전 · 국가의 계속성과 헌법을 수호할 책무를 진다. 조국의 평화적 통일을 위한 성실한 의무를 진다.

(2) 행정부의 수반

대통령은 행정부의 최고책임자로서 행정부를 지휘하고 감독할 권한을 가지고 제정 또는 개정된 법률을 공포하고 이를 집행한다. 대통령이 이끄는 정부는 법을 집행하는데 필요한 예산을 편성하여 국회의 승인을 얻고 사용한다.

(3) 대통령의 선출과 임기 및 권한대행

대통령은 국민의 보통 · 평등 · 직접 · 비밀선거로 선출된다. 임기는 5년이며 단임이다. 우리 헌법은 제128조 제2항에서 "대통령의 임기연장 또는 중임변경을 위한 헌법개정은 그 헌법개정 제안 당시의 대통령에 대하여는 효력이 없다."고 규정하고 있다. 이는 대통령의 독재와 장기집권에 대한 안전장치이다. 만일 대통령이 궐위되거나 사고로 인하여 직무를 수행할 수 없을 때에는 국무총리, 법률이 정하는 국무위원의 순서로 그 권한을 대행한다.

2. 대통령의 신분과 특권

(1) 겸직금지

대통령은 국무총리 · 국무위원 · 행정각부의 장 기타 법률이 정하는 공사의 직을 겸할 수 없다(헌법 제83조). 대통령은 이처럼 헌법에 명시된 공직 외에도, 권력분립원칙에 따라 다른 국가기관의 직책을 겸할 수 없고, 영리를 목적으로 하는 사적인 직업도 가질 수 없다.

(2) 신분상 특권

대통령은 내란 또는 외환의 죄를 범한 경우를 제외하고는 재직 중 형사상의 소추를 받지 않는 신분상의 특권을 갖는다(헌법 제84조). 이런 특권은 대통령의 직무를 원활히 수행하기 위한 목적에서 비롯된 것이다. 다만 대통령이 내란이나 외환의 죄를 범한 경우에는 국가 안위에 직접 관련이 있는 범죄이므로 재직 중에도 소추될 수 있다. 내란이나 외환의 죄를 범한 경우에도 대통령직에서 물러난 경우에는 형사상 소추를 받을 수 있으며, 해당범죄에 대한 공소시효의 진행은 재직 중 정지된다. 한편 재직 중 민사상 책임은 질 수 있다.

(3) 탄핵소추

대통령이 직무집행에 있어서 헌법이나 법률을 위반한 경우에는 국회는 대통령에 대한 탄핵소추를 의결할 수 있고, 헌법재판소의 탄핵심판이 있을 때까지 대통령의 권한행사는 정지되며, 탄핵결정이 있으면 대통령은 공직으로부터 파면된다. 이 경우 국회의 탄핵소추의결에는 다른 고위공직자의 경우보다 정족수가 가중되어, 재적의원 과반수의 발의와, 재적의원 2/3이상의 찬성이 있어야 한다.

3. 국정 최고책임자로서의 대통령의 권한

(1) 외교적 권한

대통령은 외국에 대하여 국가를 대표하는 지위에서 각종 외교권을 행사한다. 조약을 체결 · 비준권, 외교사절의 신임 · 접수 · 파견권, 선전포고 및 강화의 권한을 갖는다.

(2) 국군통수권

대통령은 헌법과 법률이 정하는 바에 의하여 국군을 통수한다. 대통령의 국군통수권은 국군의 조직 및 관리에 관한 권한과 작전명령권을 포괄한다. 헌법은 침략전쟁의 부인, 평화통일의 추진, 국가안전보장, 국토방위를 위한 국군의 의무를 규정하고 있으므로 이에 반하여 국군을 동원하는 것은 금지된다.

(3) 국가긴급권

만약 전쟁과 같은 국가위기상황에 처했을 때 대통령은 어떠한 조치를 취할 수 있나? 국가긴급권을 발동할 수 있다. 중대한 재정 · 경제상의 위기, 또는 국가안위에 관계되는 중대한 교전사태, 전시 사변 등 국가비상사태가 발생하여 헌법이 예정하는 통상적인 방법과 절차를 통해서는 이러한 위기상황을 극복하기 어려운 경우 대통령은 국가긴급권을 발동할 수 있다. 대통령은 국가긴급권으로 긴급재정 · 경제처분 및 명령권, 긴급명령권, 계엄선포권을 선포할 수 있다.

(4) 사면권과 영전수여권

대통령은 법률이 정하는 바에 의하여 사면 · 감형 · 복권을 명할 수 있다. 사면권은 특정한 범죄를 지정하여 해당범인에 대한 형선고의 효력을 상실시키는 일반사면과 특정한 범죄인에 대한 형의 집행을 면제하는 특별사면을 할 수 있는 대통령의 권한이다. 대통령은 법률이 정하는 바에 의하여 훈장 기타 영전을 수여한다. 대통령이 국가에 공로가 뚜렷한 사람에게 영전을 수여하기 위해서는 국무회의의 심의를 거쳐야 한다. 훈장 등의 영전은 받은 자에게만 효력이 있으며 어떠한 특권이 없다.

(5) 헌법개정안 발의권과 국민투표부의권

대통령은 헌법개정안을 발의할 수 있으며, 외교 · 국방 · 통일 기타 국가안위에 관한 중요한 정책을 국민투표에 부의할 수 있다.

(6) 국가기관구성권

대통령은 행정부의 최고책임자로서 헌법상 행정부에 속하는 국가기관을 구성한다. 국무총리는 국회의 동의를 얻어 임명하고, 국무위원은 국무총리의 제청을 받아 임명한다. 감사원장 역시 국회의 동의를 얻어 대통령이 임명하고, 감사위원은 감사원장의 제청을 받아 임명한다. 또한 대통령은 국회 및 법원과 동등한 비중을 갖고 다른 국가기관의 구성에도 참여한다. 즉 대통령은 헌법재판관 9명 중 3명을 국회의 선출이나 대법원장의 지명과 상관없이 임명할 수 있고, 중앙선거관리위원회 위원 9명 중 3명을 임명할 권한이 있다. 한편 대통령이 국회의 동의를 얻어 대법원장과 헌법재판소장을 임명하는 것은 국정 최고책임자로서의 권한으로 평가된다.

(7) 공무원 임면권

대통령은 헌법과 법률이 정하는 바에 의하여 공무원을 임명하고 면직한다. 대통령의 임면대상 공무원은 헌법에 임용방법이 규정된 공무원이 아니라 주로 행정부처의 공무원이다. 대통령의 공무원 임면권은 헌법상 공무원제도의 중요한 내용을 준수해야 한다. 직업공무원으로서 전문지식의 보유여부를 기준으로 임용하여야 하고, 헌법과 국가공무원법상 신분보장의 규정을 준수하면서 면직시켜야 한다.

(8) 행정입법권

대통령은 법률에서 구체적으로 범위를 정하여 위임받은 사항과 법률을 집행하기 위하여 필요한 사항에 대하여 대통령령을 발할 수 있다. 즉 대통령은 일반 효력을 갖는 규범을 행정입법 형식으로 제정할 수 있는 권한이 있다.

4. 대통령의 권한행사 방식 및 국회와의 관계

(1) 대통령 권한행사의 절차와 방식

대통령은 국정의 최고책임자로서 또 행정부의 수반으로서 많은 권한을 가지고 있지만, 이러한 대통령의 권한행사도 일정한 절차와 방식에 따라야 한다. 대통령의 국법상 행위는 문서로 하며, 이 문서에는 국무총리와 관계 국무위원이 서명해야 하는데, 이를 부서(副署)라고 한다. 군사에 관한 것도 또한 같다(헌법 제82조). 대통령이 행하는 대부분의 국정에 관한 행위들은 국무회의의 심의를 거쳐야 한다.

(2) 대통령과 국회와의 관계

대통령과 국회 사이에는 권력분립에 따른 상호견제와 균형의 원리가 적용된다. 특히 법률과 같은 효력을 갖는 조약의 체결과 비준, 선전포고, 국가긴급권 발동, 일반사면 등 대통령의 중요한 국정행위에 대해서는 국회의 동의 또는 승인이 필요하다. 대통령은 국회에 출석하여 발언하거나 서한으로 의견을 표시할 수 있다. 또 국회가 의결한 법률안에 대하여 재의를 요구할 수 있다.

행정부의 구성과 권한

우리 헌법은 대통령제에서는 이례적으로 국무총리제를 두고 있다. 국무총리는 대통령을 보좌하고, 대통령의 명을 받아 행정각부를 통할한다. 대통령이 궐위될 경우 제1순위의 권한대행자가 된다. 국무총리는 행정각부를 통할하기 위하여 대통령에게 국무위원의 임명을 제청을 하고 해임을 건의할 수 있다. 행정부의 2인자로서 국무회의의 부의장이 되고, 대통령의 국법상 행위에 부서를 한다.

1. 국무총리의 권한과 신분

국무총리는 소관 사무에 관하여 법률이나 대통령령의 위임 또는 직권으로 총리령을 발할 수 있다. 그리고 국회에 출석하여 국정처리 상황을 보고하거나 의견을 진술하고, 질문에 응답할 수 있다.대통령은 국회의 동의를 얻어 국무총리를 임명한다. 군인은 현역을 면한 후가 아니면 국무총리에 임명될 수 없다. 대통령이 국무총리를 해임할 때에는 국회의 동의가 필요하지 않다. 국회는 대통령에게 국무총리의 해임을 건의할 수 있고, 또한 국무총리는 탄핵소추의 대상이 된다.

2. 국무위원의 권한과 신분

국무위원은 국정에 관하여 대통령을 보좌하고 국무회의의 구성원으로서 국정을 심의하는 기관이다. 그리고 대통령이 궐위되거나 사고로 그 직무를 수행할 수 없을 때, 국무총리에 이어 법률로 정한 국무위원이 그 권한을 대행한다. 국무위원은 소관 사무에 관하여 대통령의 국법상 행위에 부서하며,

국회에 출석하여 국정처리 상황을 보고하거나 의견을 진술하고, 질문에 응답할 수 있다. 국무위원은 국무총리의 제청으로 대통령이 임명하는데, 군인은 현역을 면한 후가 아니면 국무위원으로 임명될 수 없다. 대통령이 국무위원을 해임할 때에는 국무총리의 관여가 필요 없다. 국무총리와 국회는 국무위원의 해임을 대통령에게 건의할 수 있고, 또한 국무위원도 탄핵소추의 대상이 된다.

3. 국무회의

우리 헌법상 국무회의는 심의기관이라는 점에서 의원내각제 하의 내각이 의결기관과 구별된다. 국무회의 심의사항은 국정의 기본계획과 정부의 일반정책 등 16개 사항과 기타 대통령 · 국무총리 · 국무위원이 제출한 사항으로 헌법 제89조에 열거되어 있다. 이러한 사항들은 반드시 국무회의의 심의를 거쳐야 한다. 국무회의는 의장인 대통령, 부의장인 국무총리, 그리고 15명 이상 30명 이하의 국무위원으로 구성된다.

4. 행정각부

행정각부는 행정부의 권한에 속하는 업무를 구체적으로 집행하는 국가기관이다. 행정각부의 설치 및 조직과 직무범위는 법률로 정하며, 정부조직법이 이에 대하여 정하고 있다. 행정각부의 장은 국무위원 중에서 국무총리의 제청으로 대통령이 임명한다. 따라서 행정각부의 장은 동시에 국무위원의 지위를 갖는데, 행정각부의 장은 집행업무를 수행하고, 국무위원은 국무회의의 안건을 심의한다. 행정각부의 장은 소관 사무에 관하여 법률이나 대통령령의 위임이 잇는 경우 또는 직권에 의하여 부령을 발할 수 있다.

5. 감사원의 헌법상 지위와 권한

감사원은 대통령 소속 국가기관으로서 세입 및 세출의 결산, 국가 및 법률이 정한 단체의 회계검사와 행정기관 및 공무원의 직무에 관한 감찰을 하는 기관이다. 감사원은 행정부에 속하지만 직무의 성격상 고도의 독립성과 정치적 중립성이 보장되어야 한다. 세입 · 세출의 결산을 매년 검사하여 대통령과 국회에 보고하여야 한다. 감사원은 원장을 포함하여 5명 이상 11명 이하의 감사위원으로 구성된다. 감사원장은 국회의 동의를 얻어 대통령이 임명하고, 감사위원은 감사원장의 제청으로 대통령이 임명한다. 감사원장, 감사위원 모두 4년 임기로 1차에 한하여 중임이 가능하다. 감사원의 조직 · 직무범위와 감사위원의 자격 · 감사대상 공무원의 범위, 기타 필요한 사항은 법률로 정하는데 감사원법에 규정한다.

지방자치의 의미와 내용

지방자치란 지역의 일은 그 지역의 주민들이 스스로 결정하는 것이다. 지방자치제도는 일정한 지역을 단위로 지역주민이 그 지역의 사무를 자신들이 선출한 기관을 통하여 직접 처리하게 함으로써 지방행정의 민주성과 능률성을 제고하고, 지방의 균형 있는 발전과 아울러 국가의 민주적 발전을 도모하려는데 그 목적이 있다. 지방자치는 민주주의를 지방 차원에서 실현하는 것으로, 그 이념적 배경은 지방의 일을 직접적인 관심과 이해관계가 있는 주민으로 하여금 스스로 결정하게 한다면 자연스럽게 민주주의가 육성 발전될 수 있다는 풀뿌리 민주주의에 있다.

1. 헌법이 지방자치제도를 보장하는 의미

헌법이 지방자치제도를 보장하는 의미는 국민주권의 기본원리에서 출발하여 지방 차원에서 주민에 의한 자치를 실현하고자 하는 것이다. 지방자치제도는 중앙정부와 지방자치단체 사이에 권력분립적 · 지방분권적 기능을 통하여 지역주민의 기본권보장에 이바지 한다.

2. 헌법상 지방자치제도의 보장내용

지방자치단체는 주민의 복리에 관한 사무를 처리하고 재산을 관리하며, 법령의 범위 안에서 자치에 관한 규정을 제정할 수 있고, 지방자치단체의 종류는 법률로 정한다(헌법 제117조). 지방자치단체에 의회를 두고, 지방의회의 조직 · 권한 · 의원선거와 지방자치단체의 장의 선임방법 기타 지방자치단체의 조직과 운영에 관한 사항은 법률로 정하도록 하고 있다(헌법 제118조). 지방자치법은 지방의회를 지방자치단체의 의사를 내부적으로 결정하는 최고의결기관으로 두고, 지방자치단체의 장을 지방자치단체의 대표로서 외부적으로 지방자치단체의 의사를 표명하고 그 사무를 통할하는 집행기관으로 두어 상호 견제와 균형을 이루도록 하고 있다. 지방자치단체의 자치권으로는 자치입법권, 자치조직권, 자치인사권, 자치재정권 등이 있고, 헌법상 자치권의 범위는 법령에 의해 형성되고 제한된다. 하지만 법령에 의하여 자치권이 제한될 수 있더라도 그 제한이 불합리하여 자치권의 본질을 훼손하는 정도에 이른다면 헌법에 위반된다.

3. 지방자치사무에 대한 주민의 참여

지방자치법은 주민투표권, 조례의 제정 · 개폐청구권, 감사청구권 및 주민소환권 등 직접민주주의 요소를 도입하여 주민이 지방자치사무에 직접 참여할 수 있는 길을 열어놓고 있다. 다만 이러한 제도들은 법률에 의하여 채택된 것이고, 헌법이 이러한 제도의 도입을 보장하고 있는 것은 아니다. 자치입법의 구체적으로 어떤 것이 있는가?

지방자치법에 따르면, 지방자치단체는 법령의 범위 안에서 그 사무에 관하여 지방의회의 의결로 조례를 제정할 수 있다. 다만 조례로써 주민의 권리를 제한하거나 의무를 부과하는 사항 또는 벌칙을 정할 때에는 법률의 위임이 있어야 한다. 조례의 제정권자인 지방의회는 선거를 통해서 지역적인 민주적 정당성을 지니고 있는 주민의 대표기관이고, 헌법이 지방자치단체에 포괄적인 자치권을 보장하고 있는 취지로 볼 때, 조례에 대한 법률의 위임은 행정입법에 대한 법률의 위임처럼 반드시 구체적으로 범위를 정하여 할 필요는 없다. 지방자치단체의 장은 법령이나 조례가 위임한 범위 내에서 그 권한에 속하는 사무에 관하여 규칙을 제정할 수 있다.

26 법원과 헌법재판소

사법권은 법을 적용하여 분쟁을 해결하는 권한을 의미한다. 우리 헌법 제101조 제1항에서는 "사법권은 법관으로 구성된 법원에 속한다."고 규정한다. 국가기관 등이 헌법을 침해할 위험이 있는 때 헌법을 적용하여 해결하는 재판제도를 헌법재판이라 한다. 우리 헌법은 이러한 헌법재판을 담당하는 기관으로 법원과는 독립된 헌법재판소를 두고 있다. 사법권과 법원의 조직 및 심급, 헌법재판소의 지위와 권한, 법원과 헌법재판소와의 관계에 대해 공부하기로 한다.

사법권과 법원의 조직 및 심급

1. 사법권의 내용

사법작용은 제3자의 지위에서 법을 적용하여 분쟁을 해결하고 개인의 권리를 보호하는 국가의 작용을 말한다. 개인들 사이의 거래나 가족관계를 둘러싼 다툼에 대하여 재판하는 민사소송, 범죄와 처벌에 관하여 재판하는 형사소송, 행정관청과 개인 사이의 일반적인 다툼에 관하여 재판하는 행정소송은 법관으로 구성된 법원에 속한다.

2. 사법권의 기능

사법권은 민사소송, 형사소송, 행정소송 등 개인의 권리를 구제하는 기능뿐만 아니라, 법의 내용을 확인하고 선언하여 법질서를 유지하는 기능, 그리고 법적 분쟁에 있어서 최종적인 판단을 하는 기능이 있다. 재판의 전심절차로서 행정심판을 할 수 있다. 행정심판의 절차는 법률로 정하되, 사법절차가 준용되어야 한다(헌법 제107조 제3항)고 하여 국민과 국가 사이에 행정에 관한 분쟁을 행정부 스스로 해결하는 행정심판제도를 둘 수 있지만, 이것은 법원의 재판 이전의 심판절차로서만 가능하다.

3. 사법권의 특징

사법권은 입법권이나 행정권과는 달리 구체적인 사실관계나 법률해석과 관련된 분쟁이 현실로 나타나고, 일방 당사자가 분쟁의 해결을 사법부에 요청하였을 때 비로소 사법권이 행사된다는 특징이 있다.

(1) 사법권의 독립

사법권은 다른 국가권력 특히 행정권으로부터의 독립이 필요하다. 사법권은 법관으로 구성된 법원에 속한다. 법원은 최고법원인 대법원과 각급법원으로 조직된다. 법관의 자격은 법률로 정한다(헌법 제101조). 대법원과 각급법원의 조직은 법률로 정하도록 하고 있다(헌법 제102조 제3항). 대법원은 법률에 저촉되지 아니하는 범위 안에서 소송에 관한 절차, 법원의 내부규율과 사무처리에 관한 규칙을 제정할 수 있다(헌법 제108조).

(2) 법관의 임명과 신분보장

법관은 공정한 재판을 위한 품성과 자질 및 법에 대한 전문지식이 있어야 하고, 법관임명에는 국민의 대표가 간접적으로 관여하며, 법관은 그 신분이 보장된다. 법관은 헌법과 법률에 의하여 그 양심에 따라 독립하여 심판한다. 재판의 공정성을 확보하기 위하여 재판의 심리와 판결의 원칙적 공개한다. 법관을 반드시 국민이 선거로 뽑을 필요는 없다. 다만 법관의 권한도 국민으로부터 나오는 것이기 때문에, 법관의 임명에도 국민의 대표가 간접적으로 관여한다.

(가) 법관의 임명

대법원장은 국회의 동의를 얻어 대통령이 임명하고, 대법관은 대법원장의 제청으로 국회의 동의를 얻어 대통령이 임명한다. 그 밖의 법관은 대법관회의의 동의를 얻어 대법원장이 임명한다.

(나) 법관의 임기

대법원장과 대법관의 임기는 6년, 그 밖의 법관의 임기는 10년이다. 대법원장은 중임할 수 없고, 대법관과 그 밖의 법관은 법률이 정하는 바에 의해 연임할 수 있다.

(다) 법관의 신분보장

법관은 탄핵 또는 금고 이상의 형의 선고에 의하지 아니하고는 파면되지 아니하며, 징계처분에 의하지 아니하고는 정직 · 감봉 기타 불리한 처분을 받지 아니한다. 또 중대한 심신상의 장해로 직무를 수행할 수 없을 대 법률이 정하는 바에 의해 퇴직하게 할 수 있다.

(라) 재판의 독립

헌법 제103조는 법관은 헌법과 법률에 의하여 그 양심에 따라 독립하여 심판한다고 규정하고 있다. 헌법이 사법권을 담당하는 법원을 독자적인 국가권력으로 형성하고, 법관의 신분보장을 하는 것은 궁극적으로 재판의 독립을 위한 것이다. 사법작용의 본질은 분쟁이 발생했을 때, 독립된 법원이 직접 증거를 통해 밝힌 사실을 바탕으로 법을 해석 · 적용하여 판단을 내리는 것이다. 이러한 사법작용이 잘 이루어지기 위해서는 사법권이 독립되어야 하고, 그 핵심은 재판의 독립에 있다. 법원이 하는 재판은 분쟁의 어느 한 당사자에 치우침이 없어야 하고, 심리와 판단이 법에 따라 이루어져야 한다.

(3) 재판의 공개

헌법은 재판의 공정성 확보를 위해 재판의 심리와 판결을 공개하는 것을 원칙으로 하고 있다. 다만, 국가의 안전보장이나 안녕질서를 방해하거나 선량한 풍속을 해할 염려가 있을 경우, 재판의 심리를 법원의 결정으로 공개하지 않을 수 있다.

4. 법원의 조직과 심급제도

법원조직법은 최고법원인 대법원과 각급법원인 고등법원, 특허법원, 지방법원, 가정법원, 행정법원, 회생법원을 규정하고 있다. 법원의 조직은 지방법원, 고등법원, 대법원과 같은 단계구조를 이루고 있는데, 법원의 재판에 관하여 더 높은 법원에 다시 판단을 구할 수 있도록 한 제도를 심급제도라 한다. 심급제도는 적정한 재판과 신속한 재판의 요청을 고려하여 사건의 성질과 경중에 따라 법률에 의하여 정해진다. 심급제도는 하급법원의 잘못된 판단을 상급법원에서 바로잡도록 함으로써 국민의 재판을 받을 권리를 실질적으로 보장하기 위한 것이다.

헌법재판소의 지위와 권한

1. 헌법재판의 의미

헌법재판은 헌법을 지키고 실현해야 할 국가기관 등이 오히려 헌법을 침해할 위험이 있을 때, 이것을 둘러싼 다툼을 헌법을 적용하여 해결하는 재판제도를 말한다. 헌법재판은 헌법이 추구하는 가치 및 국민의 기본권 보장과 관련된 다툼이나 위험이 발생한 경우에 최고법인 헌법을 기준으로 이를 해결함으로써 헌법질서를 실현하고 수호한다.

2. 헌법재판제도 유형

오늘날 세계 여러 나라의 헌법재판제도는 일반법원과 분리되어 헌법재판만을 담당하는 독립된 기관을 설치하고 있는지 여부에 따라 일반법원형(비집중형) 헌법재판제도와 독립기관형(집중형) 헌법재판제도로 나눌 수 있다.

(1) 일반법원형(비집중형) 헌법재판제도

미국, 캐나다, 호주, 인도, 일본과 같은 나라는 헌법재판을 담당하는 별도의 재판기관이 없다. 이 경우 법률이 헌법에 위반되는지 여부를 일반재판을 하는 법원에서 판단한다. 이처럼 일반법원에서 헌법재판을 하는 경우, 헌법재판 권한이 한 곳에 집중되어 있지 않다는 의미에서 비집중형 헌법재판제도라고 한다. 이 경우 법률의 헌법위반 여부를 통일적으로 판단하는 것은 대법원과 최고재판소와 같은 최고법원의 역할에 맡겨지게 된다.

(2) 독립기관형(집중형) 헌법재판제도

독일, 오스트리아, 이탈리아, 스페인, 러시아, 인도네시아, 한국 등이 채택하고 있다. 이런 나라들은 헌법재판소를 설치하여 헌법재판을 일반법원이 아닌 별도의 독립된 헌법재판기관이 담당하도록 하고 있다. 이와 같이 독립된 헌법재판기관이 헌법재판을 하는 제도를, 헌법재판의 권한이 한 기관에 집중되어 있다는 의미에서 집중형 헌법재판제도라고도 한다. 우리나라는 대법원과는 별도로 헌법재판소를 두고 있기 때문에 독립기관형 또는 집중형 헌법재판제도를 두고 있는 나라에 해당한다.

3. 헌법재판기관의 구성방식

헌법재판소는 기본적으로 민주주의, 사법의 독립, 전문성을 고려하여 구성된다. 헌법재판소는 9명의 재판관으로 구성된다. 9명의 재판관은 모두 대통령이 임명하지만, 그 중 3명은 국회에서 선출한 자를 그리고 3명은 대법원장이 지명한 자를 임명한다. 그래서 대통령이 실질적으로 임명하는 재판관은 3

명이다. 헌법재판소장은 재판관 중에서 대통령이 국회의 동의를 얻어 임명한다. 헌법재판소 재판관의 임기는 6년이고 법률이 정하는 바에 의하여 연임될 수 있다.

헌법재판소의 심판권한

1. 위헌법률심판

헌법재판소는 법률이 헌법에 위반되는지 여부가 재판의 전제가 된 경우, 법원의 제청에 의하여 그 법률이 위헌인지 여부를 심판하는데, 이것을 위헌법률심판이라 한다.

2. 탄핵심판

대통령, 국무총리, 국무위원, 행정각부의 장, 헌법재판소 재판관, 법관, 중앙선거관리위원회 위원, 감사원장, 감사위원, 그 밖에 법률이 정한 고위공무원이 그 직무집행에서 헌법이나 법률을 위반한 경우, 국회가 탄핵소추를 의결하면 헌법재판소는 그 공무원을 공직에서 파면할 것인지 여부를 심판하는데 이를 탄핵심판이라 한다.

3. 정당해산심판

정당의 목적이나 활동이 민주적 기본질서에 위배될 때, 정부가 국무회의의 심의를 거쳐 그 해산을 제소하면 헌법재판소는 그 정당을 해산할 것인지 여부를 심판한다. 이를 정당해산심판이라 한다.

4. 권한쟁의심판

헌법재판소는 국가기관 상호간, 국가기관과 지방자치단체간 및 지방자치단체 상호간의 권한의 유무 또는 범위에 관하여 다툼이 있을 때, 권한이 침해되었다고 주장하는 국가기관, 지방자치단체의 청구에 따라 그 권한의 유무 또는 범위에 관해 심판하는데 권한쟁의심판이라 한다.

5. 헌법소원심판

헌법재판소가 관장하는 헌법소원심판에는 권리구제형 헌법소원심판과 위헌심사형 헌법소원심판 2가지가 있다.

(1) 권리구제형 헌법소원심판

먼저 국가가 공권력을 행사하거나 행사하지 않음으로써 국민이 헌법상 보장된 기본권을 침해한 경우, 국민이 직접 헌법재판소에 기본권침해 여부의 판단을 구하면 헌법재판소는 그에 관하여 심판한다. 이를 권리구제형 헌법소원심판이라고 한다.

(2) 위헌심사형 헌법소원심판

다른 유형으로 재판의 당사자가 법원에 위헌법률심판제청 신청을 하였지만 법원이 이를 받아들이지 않고 기각 또는 각하한 경우, 그 신청한 당사자의 청구에 따라 헌법재판소는 재판의 전제가 되는 해당법률의 위헌 여부를 심판한다. 이것을 위헌심사형 헌법소원심판이라고 한다.

헌법재판의 독립성과 중립성

헌법재판의 독립성과 중립성을 위해서 헌법은 헌법재판소의 조직과 운영의 독립성을 보장하기 위하여 헌법재판소의 조직과 운영 등 기타 필요한 사항은 법률로 정하도록 규정하고 있고, 헌법재판소는 법률에 저촉되지 않는 범위 안에서 심판에 관한 절차와 내부규율, 사무처리에 관한 규칙을 제정할 수 있다고 규정하고 있다. 헌법은 또 재판관의 정치적 중립성을 확보하기 위해서 재판관의 정당가입과 정치에 관여하는 것을 금지하고 있다.

헌법재판소의 심판

헌법재판소의 심판은 특별한 규정이 없는 한 재판관 전원으로 구성된 재판부에서 이루어진다. 재판부는 재판관 7인 이상의 출석으로 사건을 심리하고, 최종 심리에 참석한 재판관 과반수의 찬성으로 결정한다. 하지만 법률의 위헌결정, 탄핵결정, 정당해산결정, 헌법소원에 관한 인용결정에 관해서는 재판관 6인 이상의 찬성이 필요하다.

법원과 헌법재판소의 관계

일반재판에 관한 사법권은 법관으로 구성된 법원에 속하지만, 헌법에 헌법재판소가 관장하도록 규정된 헌법재판사항은 법원이 심판할 수 없다. 법원과 헌법재판소의 관계에 관하여 중요한 몇 가지가 있다.

(1) 재판의 전제가 되는 법률의 위헌 여부 심사

법률이 헌법에 위반되는지 여부는 헌법재판소만이 결정할 수 있다. 재판과정에서 재판의 전제가 되는 법률을 헌법에 위반되는지 여부를 판단할 필요가 있다면, 법원은 헌법재판소에 위헌법률심판을 제청하여 헌법재판소의 심판에 따라 재판해야 하고, 스스로 법률이 위반되는지 여부를 판단할 수 없다.

(2) 대통령령 등 행정입법에 대한 법원과 헌법재판소의 심판권한

헌법 제107조 제2항에 의하면, 법률이 헌법에 위반되는지 여부가 재판의 전제가 된 경우와 달리, 명령 · 규칙 또는 처분이 헌법이나 법률에 위반되는 여부가 재판의 전제가 된 경우에는 대법원이 이를 최종적으로 심사할 권한을 가진다고 규정하고 있다. 하지만 이와 달리 명령 · 규칙 등이 별도의 집행행위와 상관없이 직접 국민의 기본권을 침해하여 헌법소원심판이 청구된 경우에는 헌법재판소가 이러한 명령 · 규칙 등에 대한 위헌 여부를 심사한다.

(3) 위헌결정의 기속력

헌법재판소가 특정한 법률내용에 대하여 위헌이라고 선언하거나 국민의 기본권을 침해하는 국가권력의 행사에 대하여 위헌판단을 내리면, 법원과 그 밖의 국가기관 및 지방자치단체는 재판의 당사자가 아니라 하더라도 모두 헌법재판소의 위헌결정을 존중하고 그에 따라야 한다. 이것을 위헌결정의 기속력이라고 한다. 국가의 최고법으로서 헌법이 효력을 유지할 수 있도록 하기 위해서는 헌법에 위반되는 법률이 계속하여 적용되거나 헌법에 위반되는 국가작용이 반복되도록 해서는 안 되기 때문이다. 따라서 법원과 그 밖의 국가기관 및 지방자치단체는 헌법재판소의 결정과 다른 내용의 작용을 할 수 없다. 특히 법원은 재판을 할 때, 헌법재판소의 위헌결정을 존중하여 헌법재판소의 위헌결정에 의해 효력을 상실한 법률을 적용해서는 안 된다.

(4) 권리구제형 헌법소원심판과 법원의 재판

권리구제형 헌법소원심판은 국가작용으로 인한 국민의 기본권침해를 구제하는 최후의 수단이므로 다른 법률의 구제절차가 있는 경우에는 그 절차를 모두 거친 후에 청구할 수 있다. 이를 보충성의 원칙이라 한다. 그리고 법원의 재판은 권리구제적 성격이 있으므로 원칙적으로 권리구제형 헌법소원심판의 대상에서 제외되어 있다. 다만, 앞서 설명한 것처럼, 법원도 헌법재판소의 위헌결정에 기속되므로 만약 헌법재판소가 위헌으로 결정한 법령을 적용하여 국민의 기본권을 침해한 재판이 있다면, 이러한 재판은 예외적으로 권리구제형 헌법소원심판의 대상이 된다.

(5) 헌법재판과 법원 재판의 다른 특징

헌법재판은 헌법에서 직접 규정하거나 헌법의 해석을 통해 드러나는 헌법의 기본원리, 기본권 보장, 국가기관의 구성과 권한 등 헌법적인 문제를 다루는 재판이라는 점, 또 헌법이 침해될 위험이 있는 때, 헌법을 기준으로 판단이 이루어진다는 점에서 국회가 만든 법률의 적용이 문제되는 법원의 일반적인 재판과 구분된다. 일반법원의 재판은 재판을 통해 다투는 당사자에게만 효력이 미치지만, 헌법재판소의 위헌결정은 모든 국가기관과 지방자치단체에 영향을 미친다는 것도 헌법재판이 일반재판과 다른 점이다.

27 헌법재판과 헌법재판소

헌법은 최고의 법이므로 어떠한 공권력이나 법률도 헌법에 위반되어서는 안 되는데, 이러한 법 중의 법, 최고의 법이라는 헌법이 법전 속의 장식품쯤으로 취급받았던 시절이 있었다. 헌법에 규정되어 있던 국민의 기본권도 실질적 권리로 인정받지 못했던 시절이 있었다. 하지만 1988년 헌법재판소가 창립되고 본격적으로 활동을 시작하면서 헌법재판이 활성화 되었다. 그로 인해 헌법은 한낱 장식품이 아니라 우리 생활 속에서도 영향을 미치는 규범으로 자리 잡았고, 국민의 기본권 또한 실질적인 권리로 보호받을 수 있게 되었다.

헌법재판의 의의, 유형 및 기능

일반적으로 헌법재판이란 기본권 침해나 헌법분쟁 또는 헌법침해 문제를 국가 최고규범인 헌법을 기준으로 판단함으로써 헌법질서를 유지 · 수호하는 국가작용을 말한다. 즉 헌법재판제도는 법률이나 공권력에 의해 헌법적 가치나 기본권이 침해되었을 때 이를 헌법의 이름으로 바로잡는 제도이며, 이를 통해 헌법이 국가의 최고법으로서 실질적인 실효성을 갖게 하고 국민의 기본권을 보호하는 제도를 의미한다.

1. 헌법재판의 역사적 배경

역사 속에서 국가권력이 보다 상위의 근본법에 귀속되어야 한다는 사상은 오랜 전통을 가진 것이었다. 때문에 근대적 의미의 성문헌법이 채택된 이후에는 헌법이 국가공동체의 기본법이자 국가법질서의 최고규범으로 인식되었다. 즉 헌법재판은 헌법이 기본법이자 최고법이므로 헌법에 위반되는 국가작용들을 위헌으로 결정하여 효력을 상실하게 해야 한다는 사상이 바탕을 이루고 있는 것이다. 이러한 사상이 실제 재판에 처음으로 적용된 것이 바로 1803년 미국 연방대법원의 마버리 vs. 매디슨 사건이다. 미국 연방대법원은 1803년 마버리 vs. 매디슨 사건에서, 헌법을 해석하는 사법부의 권한에 대하여, 헌법은 최고의 법규범이고 헌법에 위반되는 법률은 효력이 없다고 판결하였다. 이후 미국의 위헌법률심사제도는 헌법에 명문의 근거를 둔 것은 아니지만 판례법의 전통으로 확립되었다. 하지만 국민주권과 대의제의 이념이 강력했던 유럽에서는 의회가 제정한 법률을 대상으로 일반법원이 그 위헌여부를 심사하는 것은 적절하지 않다고 여겼다.

유럽의 헌법재판제도는 1920년 오스트리아의 연방헌법이 헌법재판소를 설치한 것으로부터 시작되었다. 하지만 헌법재판제도가 본격적으로 일반화되기 시작한 것은 제2차 세계대전 이후였다. 제2차 대전을 겪으면서 유럽 각국은 독일의 나치처럼 다수결 및 선거제도에 의한 민주주의도 국민의 자유와 권리를 부정할 수 있다는 경험을 하게 된다. 이 경험을 통해 국민의 기본적 인권이 보장되는 진정한 민주주의 이른바 실질적 민주주의를 구체적으로 구현하기 위해 일반 법원과는 별도로 의회의 권력도 견제할 수 있는 독립된 헌법재판소를 설치하기 시작했다. 이후 독립된 헌법재판소 제도가 헌법의 규범력을 수호하고 기본권을 보호하는 제도로 자리잡게 되자 전 세계적으로 이 제도가 파급되었다.

아시아에서는 1988년 우리나라가 처음으로 헌법재판소를 설치했는데, 이를 시작으로 우즈베키스탄, 카자흐스탄, 몽골, 태국 등이 헌법재판소를 설치하였다. 또 아프리카에서는 남아프리카공화국이 헌법재판소를 설립했고, 남미에서도 콜롬비아, 칠레 등이 헌법재판소를 두고 있다.

2. 각국의 헌법재판제도의 유형

미국은 비집중형(일반법원형)으로 헌법재판소를 따로 두지 않고, 연방대법원에서 위헌심사를 하고 있다. 미국형 사법심사제도는 법체계를 같이하는 캐나다, 호주, 인도, 일본 등에서 채택하고 있고, 우리나라에서도 제3공화국 헌법이 이러한 유형의 헌법재판제도를 채택한 적이 있다. 집중형(독립기관형) 헌법재판제도는 유럽형이다. 헌법재판을 일반 법원이 아닌 독립된 헌법재판기관이 담당하고 있다. 우리나라를 비롯한 오스트리아, 독일, 이탈리아, 스페인 등이 독립된 헌법재판소를 두고 있다.

3. 헌법재판의 기능

(1) 헌법보호 기능

헌법재판이 헌법의 규범적 효력을 관철시킴으로써 국가 최고규범인 헌법을 보호하는 기능을 말한다. 헌법질서에 대한 위협으로부터 헌법을 보호하는 것이다.

(2) 권력통제 기능

헌법재판은 헌법의 테두리를 벗어나려는 국가권력에 대해 강력한 제동장치로서 기능한다. 또 국가권력의 행사가 언제나 헌법질서와 조화될 수 있도록 감시하고 견제하는 기능을 갖고 있다.

(3) 기본권 보호 기능

헌법재판은 국가권력의 행사가 기본권을 보장해야 한다는 기본권 기속성과 국가권력 행사에 절차적 정당성을 확보함으로써 국민의 자유와 권리를 보호하는 기능을 한다. 특히 헌법소원제도는 국민의 기본권구제를 위한 대표적인 헌법재판제도라고 할 수 있다. 즉 헌법재판제도는 국민의 기본권 보장을 가장 실질적으로 확보해주는 제도이다.

(4) 정치적 평화보장 기능

정치세력들 간의 힘의 투쟁은 헌법질서를 이탈하여 걷잡을 수 없을 만큼 극단적인 방향으로 흘러가기도 한다. 자칫 장외투쟁으로 빠질 수 있는 정치적 사건들이 헌법재판을 통해 평화적으로 해결되어 정치적 평화를 가져오는 기능을 한다.

(5) 교육적 기능

헌법재판을 통한 결정은 곧 정치, 경제, 사회, 문화 등 모든 영역에서 합헌적 질서를 만들어 나가는 기능을 한다. 이를 통해 헌법재판은 분쟁해결이라는 기능 외에 국민과 국가기관 모두에게 헌법적 가치에 따른 행위를 하도록 유도하는 교육적 기능을 하고 있는 것이다.

헌법재판소의 조직 및 관장사항

1948년 제정된 제헌헌법이 헌법위원회를 두어 위헌법률심사권을 부여한 이래 여러 차례에 걸쳐 위헌법률심판제도를 두었다. 하지만 격동하는 정치적 환경으로 인해 그 기능이 제대로 수행되지 못했다. 그러나 민주화 운동과 함께 헌법수호와 기본권 보장에 대한 국민들의 의지는 강렬했고, 이를 바탕으로 1987년 여야합의에 의해 마련된 현행 헌법에 따라 1988년 9월 헌법재판소가 창립되었다. 헌법재판소는 헌법 제6장에 의해 설립된 헌법기관으로 헌법 제111조 제1항 및 헌법재판소법 제2조에 의해 위헌법률심판, 헌법소원심판, 권한쟁의심판, 탄핵심판, 정당해산심판을 관장하고 있다.

헌법재판소의 구성 및 조직

헌법재판소에는 헌법재판소장, 재판관과 사건의 심리 및 심판에 관한 조사 연구를 하는 헌법연구관과 행정사무를 처리하기 위한 사무처, 헌법 및 헌법재판제도에 대한 중 · 장기적 연구와 교육을 담당하는 헌법재판연구원이 있다. 헌법재판소는 9명의 재판관으로 구성되는데, 재판관은 모두 대통령이 임명하지만, 그 중 3인은 국회에서 선출하는 자를, 3인은 대법원이 지명하는 자를 임명한다. 헌법재판소장은 국회의 동의를 얻어 재판관 중에서 대통령이 임명한다.

헌법재판의 일반심판절차

1. 심판절차

재판부는 원칙적으로 재판관 전원으로 구성하는데 이를 전원재판부라고 한다. 다만 헌법소원심판의 사전심사는 재판관 3인으로 구성되는 지정재판부에서 담당한다. 지정재판부는 재판관 3인으로 구성되고, 제1, 제2, 제3의 지정재판부를 두고 있다.

2. 심판청구 방법

각종 심판절차에서 당사자는 청구서 등을 헌법재판소를 방문하여 제출하거나 우편 또는 전자헌법재판센터를 통해 제출할 수 있다.

3. 청구서 접수 후 처리절차

먼저 사건이 접수되면 접수공무원은 서류의 형식적 기재요건에 대해 심사하고, 사건번호와 사건명을 부여한다(예컨대,2012헌바15병역법 제88조 제1항 제1호 위헌소원). 그리고 청구서가 접수되면 헌법재판소는 청구서 등본을 지체 없이 피청구기관 또는 피청구인에게 송달한다. 아울러 법무부장관, 국회의장 등 이해관계인에게도 통지한다.

한편 헌법소원의 경우 3인의 재판관으로 구성된 지정재판부에서 사전심사를 하는데, 지정재판부에서는 청구기간 경과 등 심판청구가 부적합한 경우에 3인의 재판관 전원의 일치된 의견으로 사건을 각하할 수 있고, 그렇지 않은 경우 전원재판부에 사건을 회부하는 결정을 한다.

4. 전원재판부 사건심리

전원재판부에서는 재판관 7인 이상의 출석으로 사건을 심리하며, 탄핵심판, 정당해산심판, 권한쟁의심판은 구두변론에 의한다. 그리고 위헌법률심판, 헌법소원심판은 원칙적으로 서면심리에 의하지만, 다투는 사건이 국민의 다양한 의견을 들을 필요가 있거나 사회적으로 중요한 의미를 가지는 경우에는 구두변론을 실시하고 있다.

그리고 재판부가 사건에 대한 심리를 마쳤을 때 종국결정을 하게 된다. 종국결정은 통상 한 달에 한 번 매월 마지막 주 목요일에 심판정에서 공개적으로 한다. 종국결정이 선고되면 지체 없이 결정서 정본을 작성하여 당사자에게 송달한다. 그리고 관보와 헌법재판소 홈페이지에 결정문을 게재하고 공보와 판례집에도 결정문을 수록한다.

5. 심판비용

헌법재판의 심판비용은 원칙적으로 국가가 부담한다. 다만 당사자의 신청에 의한 증거조사의 비용은 헌법재판소규칙이 정하는 바에 따라 신청인에게 부담시킬 수 있다. 한편 개인이 헌법재판의 당사자로 관여하려면 반드시 변호사를 대리인으로 선임해야 하는데, 이를 변호사 강제주의라고 한다. 하지만 개인이 변호사를 대리인으로 선임할 자력이 없어 권리구제를 받지 못하는 경우가 발생할 수 있는데, 이런 일이 없도록 국선대리인제도를 마련하고 있다.

PART
04

부록

부록

대한민국헌법

[시행 1988.2.25.] [헌법 제10호, 1987.10.29., 전부개정]

유구한 역사와 전통에 빛나는 우리 대한국민은 3 · 1운동으로 건립된 대한민국임시정부의 법통과 불의에 항거한 4 · 19민주이념을 계승하고, 조국의 민주개혁과 평화적 통일의 사명에 입각하여 정의 · 인도와 동포애로써 민족의 단결을 공고히 하고, 모든 사회적 폐습과 불의를 타파하며, 자율과 조화를 바탕으로 자유민주적 기본질서를 더욱 확고히 하여 정치 · 경제 · 사회 · 문화의 모든 영역에 있어서 각인의 기회를 균등히 하고, 능력을 최고도로 발휘하게 하며, 자유와 권리에 따르는 책임과 의무를 완수하게 하여, 안으로는 국민생활의 균등한 향상을 기하고 밖으로는 항구적인 세계평화와 인류공영에 이바지함으로써 우리들과 우리들의 자손의 안전과 자유와 행복을 영원히 확보할 것을 다짐하면서 1948년 7월 12일에 제정되고 8차에 걸쳐 개정된 헌법을 이제 국회의 의결을 거쳐 국민투표에 의하여 개정한다.

제1장 총강

제1조 ①대한민국은 민주공화국이다.

②대한민국의 주권은 국민에게 있고, 모든 권력은 국민으로부터 나온다.

제2조 ①대한민국의 국민이 되는 요건은 법률로 정한다.

②국가는 법률이 정하는 바에 의하여 재외국민을 보호할 의무를 진다.

제3조 대한민국의 영토는 한반도와 그 부속도서로 한다.

제4조 대한민국은 통일을 지향하며, 자유민주적 기본질서에 입각한 평화적 통일 정책을 수립하고 이를 추진한다.

제5조 ①대한민국은 국제평화의 유지에 노력하고 침략적 전쟁을 부인한다.

②국군은 국가의 안전보장과 국토방위의 신성한 의무를 수행함을 사명으로 하며, 그 정치적 중립성은 준수된다.

제6조 ①헌법에 의하여 체결·공포된 조약과 일반적으로 승인된 국제법규는 국내법과 같은 효력을 가진다.

②외국인은 국제법과 조약이 정하는 바에 의하여 그 지위가 보장된다.

제7조 ①공무원은 국민전체에 대한 봉사자이며, 국민에 대하여 책임을 진다.

②공무원의 신분과 정치적 중립성은 법률이 정하는 바에 의하여 보장된다.

제8조 ①정당의 설립은 자유이며, 복수정당제는 보장된다.

②정당은 그 목적·조직과 활동이 민주적이어야 하며, 국민의 정치적 의사형성에 참여하는데 필요한 조직을 가져야 한다.

③정당은 법률이 정하는 바에 의하여 국가의 보호를 받으며, 국가는 법률이 정하는 바에 의하여 정당운영에 필요한 자금을 보조할 수 있다.

④정당의 목적이나 활동이 민주적 기본질서에 위배될 때에는 정부는 헌법재판소에 그 해산을 제소할 수 있고, 정당은 헌법재판소의 심판에 의하여 해산된다.

제9조 국가는 전통문화의 계승·발전과 민족문화의 창달에 노력하여야 한다.

제2장 국민의 권리와 의무

제10조 모든 국민은 인간으로서의 존엄과 가치를 가지며, 행복을 추구할 권리를 가진다. 국가는 개인이 가지는 불가침의 기본적 인권을 확인하고 이를 보장할 의무를 진다.

제11조 ①모든 국민은 법 앞에 평등하다. 누구든지 성별·종교 또는 사회적 신분에 의하여 정치적·경제적·사회적·문화적 생활의 모든 영역에 있어서 차별을 받지 아니한다.

②사회적 특수계급의 제도는 인정되지 아니하며, 어떠한 형태로도 이를 창설할 수 없다.

③훈장등의 영전은 이를 받은 자에게만 효력이 있고, 어떠한 특권도 이에 따르지 아니한다.

제12조 ①모든 국민은 신체의 자유를 가진다. 누구든지 법률에 의하지 아니하고는 체포·구속·압수·수색 또는 심문을 받지 아니하며, 법률과 적법한 절차에 의하지 아니하고는 처벌·보안처분 또는 강제노역을 받지 아니한다.

②모든 국민은 고문을 받지 아니하며, 형사상 자기에게 불리한 진술을 강요당하지 아니한다.

③체포·구속·압수 또는 수색을 할 때에는 적법한 절차에 따라 검사의 신청에 의하여 법관이 발부한 영장을 제시하여야 한다. 다만, 현행범인인 경우와 장기 3년 이상의 형에 해당하는 죄를 범하고 도피 또는 증거인멸의 염려가 있을 때에는 사후에 영장을 청구할 수 있다.

④누구든지 체포 또는 구속을 당한 때에는 즉시 변호인의 조력을 받을 권

리를 가진다. 다만, 형사피고인이 스스로 변호인을 구할 수 없을 때에는 법률이 정하는 바에 의하여 국가가 변호인을 붙인다.

⑤누구든지 체포 또는 구속의 이유와 변호인의 조력을 받을 권리가 있음을 고지받지 아니하고는 체포 또는 구속을 당하지 아니한다. 체포 또는 구속을 당한 자의 가족등 법률이 정하는 자에게는 그 이유와 일시 · 장소가 지체없이 통지되어야 한다.

⑥누구든지 체포 또는 구속을 당한 때에는 적부의 심사를 법원에 청구할 권리를 가진다.

⑦피고인의 자백이 고문 · 폭행 · 협박 · 구속의 부당한 장기화 또는 기망 기타의 방법에 의하여 자의로 진술된 것이 아니라고 인정될 때 또는 정식재판에 있어서 피고인의 자백이 그에게 불리한 유일한 증거일 때에는 이를 유죄의 증거로 삼거나 이를 이유로 처벌할 수 없다.

제13조 ①모든 국민은 행위시의 법률에 의하여 범죄를 구성하지 아니하는 행위로 소추되지 아니하며, 동일한 범죄에 대하여 거듭 처벌받지 아니한다.

②모든 국민은 소급입법에 의하여 참정권의 제한을 받거나 재산권을 박탈당하지 아니한다.

③모든 국민은 자기의 행위가 아닌 친족의 행위로 인하여 불이익한 처우를 받지 아니한다.

제14조 모든 국민은 거주 · 이전의 자유를 가진다.

제15조 모든 국민은 직업선택의 자유를 가진다.

제16조 모든 국민은 주거의 자유를 침해받지 아니한다. 주거에 대한 압수나 수색을 할 때에는 검사의 신청에 의하여 법관이 발부한 영장을 제시하여야 한다.

제17조 모든 국민은 사생활의 비밀과 자유를 침해받지 아니한다.

제18조 모든 국민은 통신의 비밀을 침해받지 아니한다.

제19조 모든 국민은 양심의 자유를 가진다.

제20조 ①모든 국민은 종교의 자유를 가진다.

②국교는 인정되지 아니하며, 종교와 정치는 분리된다.

제21조 ①모든 국민은 언론 · 출판의 자유와 집회 · 결사의 자유를 가진다.

②언론 · 출판에 대한 허가나 검열과 집회 · 결사에 대한 허가는 인정되지 아니한다.

③통신 · 방송의 시설기준과 신문의 기능을 보장하기 위하여 필요한 사항은 법률로 정한다.

④언론 · 출판은 타인의 명예나 권리 또는 공중도덕이나 사회윤리를 침해하여서는 아니된다. 언론 · 출판이 타인의 명예나 권리를 침해한 때에는 피해자는 이에 대한 피해의 배상을 청구할 수 있다.

제22조 ①모든 국민은 학문과 예술의 자유를 가진다.

②저작자 · 발명가 · 과학기술자와 예술가의 권리는 법률로써 보호한다.

제23조 ①모든 국민의 재산권은 보장된다. 그 내용과 한계는 법률로 정한다.

②재산권의 행사는 공공복리에 적합하도록 하여야 한다.

③공공필요에 의한 재산권의 수용 · 사용 또는 제한 및 그에 대한 보상은 법률로써 하되, 정당한 보상을 지급하여야 한다.

제24조 모든 국민은 법률이 정하는 바에 의하여 선거권을 가진다.

제25조 모든 국민은 법률이 정하는 바에 의하여 공무담임권을 가진다.

제26조 ①모든 국민은 법률이 정하는 바에 의하여 국가기관에 문서로 청원할 권리를 가진다.

②국가는 청원에 대하여 심사할 의무를 진다.

제27조 ①모든 국민은 헌법과 법률이 정한 법관에 의하여 법률에 의한 재판을 받을 권리를 가진다.

②군인 또는 군무원이 아닌 국민은 대한민국의 영역안에서는 중대한 군사상 기밀 · 초병 · 초소 · 유독음식물공급 · 포로 · 군용물에 관한 죄중 법률이 정한 경우와 비상계엄이 선포된 경우를 제외하고는 군사법원의

재판을 받지 아니한다.

③모든 국민은 신속한 재판을 받을 권리를 가진다. 형사피고인은 상당한 이유가 없는 한 지체없이 공개재판을 받을 권리를 가진다.

④형사피고인은 유죄의 판결이 확정될 때까지는 무죄로 추정된다.

⑤형사피해자는 법률이 정하는 바에 의하여 당해 사건의 재판절차에서 진술할 수 있다.

제28조 형사피의자 또는 형사피고인으로서 구금되었던 자가 법률이 정하는 불기소처분을 받거나 무죄판결을 받은 때에는 법률이 정하는 바에 의하여 국가에 정당한 보상을 청구할 수 있다.

제29조 ①공무원의 직무상 불법행위로 손해를 받은 국민은 법률이 정하는 바에 의하여 국가 또는 공공단체에 정당한 배상을 청구할 수 있다. 이 경우 공무원 자신의 책임은 면제되지 아니한다.

②군인·군무원·경찰공무원 기타 법률이 정하는 자가 전투·훈련등 직무집행과 관련하여 받은 손해에 대하여는 법률이 정하는 보상외에 국가 또는 공공단체에 공무원의 직무상 불법행위로 인한 배상은 청구할 수 없다.

제30조 타인의 범죄행위로 인하여 생명·신체에 대한 피해를 받은 국민은 법률이 정하는 바에 의하여 국가로부터 구조를 받을 수 있다.

제31조 ①모든 국민은 능력에 따라 균등하게 교육을 받을 권리를 가진다.

②모든 국민은 그 보호하는 자녀에게 적어도 초등교육과 법률이 정하는 교육을 받게 할 의무를 진다.

③의무교육은 무상으로 한다.

④교육의 자주성·전문성·정치적 중립성 및 대학의 자율성은 법률이 정하는 바에 의하여 보장된다.

⑤국가는 평생교육을 진흥하여야 한다.

⑥학교교육 및 평생교육을 포함한 교육제도와 그 운영, 교육재정 및 교원

의 지위에 관한 기본적인 사항은 법률로 정한다.

제32조 ①모든 국민은 근로의 권리를 가진다. 국가는 사회적·경제적 방법으로 근로자의 고용의 증진과 적정임금의 보장에 노력하여야 하며, 법률이 정하는 바에 의하여 최저임금제를 시행하여야 한다.

②모든 국민은 근로의 의무를 진다. 국가는 근로의 의무의 내용과 조건을 민주주의원칙에 따라 법률로 정한다.

③근로조건의 기준은 인간의 존엄성을 보장하도록 법률로 정한다.

④여자의 근로는 특별한 보호를 받으며, 고용·임금 및 근로조건에 있어서 부당한 차별을 받지 아니한다.

⑤연소자의 근로는 특별한 보호를 받는다.

⑥국가유공자·상이군경 및 전몰군경의 유가족은 법률이 정하는 바에 의하여 우선적으로 근로의 기회를 부여받는다.

제33조 ①근로자는 근로조건의 향상을 위하여 자주적인 단결권·단체교섭권 및 단체행동권을 가진다.

②공무원인 근로자는 법률이 정하는 자에 한하여 단결권·단체교섭권 및 단체행동권을 가진다.

③법률이 정하는 주요방위산업체에 종사하는 근로자의 단체행동권은 법률이 정하는 바에 의하여 이를 제한하거나 인정하지 아니할 수 있다.

제34조 ①모든 국민은 인간다운 생활을 할 권리를 가진다.

②국가는 사회보장·사회복지의 증진에 노력할 의무를 진다.

③국가는 여자의 복지와 권익의 향상을 위하여 노력하여야 한다.

④국가는 노인과 청소년의 복지향상을 위한 정책을 실시할 의무를 진다.

⑤신체장애자 및 질병·노령 기타의 사유로 생활능력이 없는 국민은 법률이 정하는 바에 의하여 국가의 보호를 받는다.

⑥국가는 재해를 예방하고 그 위험으로부터 국민을 보호하기 위하여 노력하여야 한다.

제35조 ①모든 국민은 건강하고 쾌적한 환경에서 생활할 권리를 가지며, 국가와 국민은 환경보전을 위하여 노력하여야 한다.

②환경권의 내용과 행사에 관하여는 법률로 정한다.

③국가는 주택개발정책등을 통하여 모든 국민이 쾌적한 주거생활을 할 수 있도록 노력하여야 한다.

제36조 ①혼인과 가족생활은 개인의 존엄과 양성의 평등을 기초로 성립되고 유지되어야 하며, 국가는 이를 보장한다.

②국가는 모성의 보호를 위하여 노력하여야 한다.

③모든 국민은 보건에 관하여 국가의 보호를 받는다.

제37조 ①국민의 자유와 권리는 헌법에 열거되지 아니한 이유로 경시되지 아니한다.

②국민의 모든 자유와 권리는 국가안전보장 · 질서유지 또는 공공복리를 위하여 필요한 경우에 한하여 법률로써 제한할 수 있으며, 제한하는 경우에도 자유와 권리의 본질적인 내용을 침해할 수 없다.

제38조 모든 국민은 법률이 정하는 바에 의하여 납세의 의무를 진다.

제39조 ①모든 국민은 법률이 정하는 바에 의하여 국방의 의무를 진다.

②누구든지 병역의무의 이행으로 인하여 불이익한 처우를 받지 아니한다.

제3장 국회

제40조 입법권은 국회에 속한다.

제41조 ①국회는 국민의 보통 · 평등 · 직접 · 비밀선거에 의하여 선출된 국회의원으로 구성한다.

②국회의원의 수는 법률로 정하되, 200인 이상으로 한다.

③국회의원의 선거구와 비례대표제 기타 선거에 관한 사항은 법률로 정

한다.

제42조 국회의원의 임기는 4년으로 한다.

제43조 국회의원은 법률이 정하는 직을 겸할 수 없다.

제44조 ①국회의원은 현행범인인 경우를 제외하고는 회기중 국회의 동의없이 체포 또는 구금되지 아니한다.

②국회의원이 회기전에 체포 또는 구금된 때에는 현행범인이 아닌 한 국회의 요구가 있으면 회기중 석방된다.

제45조 국회의원은 국회에서 직무상 행한 발언과 표결에 관하여 국회외에서 책임을 지지 아니한다.

제46조 ①국회의원은 청렴의 의무가 있다.

②국회의원은 국가이익을 우선하여 양심에 따라 직무를 행한다.

③국회의원은 그 지위를 남용하여 국가·공공단체 또는 기업체와의 계약이나 그 처분에 의하여 재산상의 권리·이익 또는 직위를 취득하거나 타인을 위하여 그 취득을 알선할 수 없다.

제47조 ①국회의 정기회는 법률이 정하는 바에 의하여 매년 1회 집회되며, 국회의 임시회는 대통령 또는 국회재적의원 4분의 1 이상의 요구에 의하여 집회된다.

②정기회의 회기는 100일을, 임시회의 회기는 30일을 초과할 수 없다.

③대통령이 임시회의 집회를 요구할 때에는 기간과 집회요구의 이유를 명시하여야 한다.

제48조 국회는 의장 1인과 부의장 2인을 선출한다.

제49조 국회는 헌법 또는 법률에 특별한 규정이 없는 한 재적의원 과반수의 출석과 출석의원 과반수의 찬성으로 의결한다. 가부동수인 때에는 부결된 것으로 본다.

제50조 ①국회의 회의는 공개한다. 다만, 출석의원 과반수의 찬성이 있거나 의장이 국가의 안전보장을 위하여 필요하다고 인정할 때에는 공개하지

아니할 수 있다.

②공개하지 아니한 회의내용의 공표에 관하여는 법률이 정하는 바에 의한다.

제51조 국회에 제출된 법률안 기타의 의안은 회기중에 의결되지 못한 이유로 폐기되지 아니한다. 다만, 국회의원의 임기가 만료된 때에는 그러하지 아니하다.

제52조 국회의원과 정부는 법률안을 제출할 수 있다.

제53조 ①국회에서 의결된 법률안은 정부에 이송되어 15일 이내에 대통령이 공포한다.

②법률안에 이의가 있을 때에는 대통령은 제1항의 기간내에 이의서를 붙여 국회로 환부하고, 그 재의를 요구할 수 있다. 국회의 폐회중에도 또한 같다.

③대통령은 법률안의 일부에 대하여 또는 법률안을 수정하여 재의를 요구할 수 없다.

④재의의 요구가 있을 때에는 국회는 재의에 붙이고, 재적의원과반수의 출석과 출석의원 3분의 2 이상의 찬성으로 전과 같은 의결을 하면 그 법률안은 법률로서 확정된다.

⑤대통령이 제1항의 기간내에 공포나 재의의 요구를 하지 아니한 때에도 그 법률안은 법률로서 확정된다.

⑥대통령은 제4항과 제5항의 규정에 의하여 확정된 법률을 지체없이 공포하여야 한다. 제5항에 의하여 법률이 확정된 후 또는 제4항에 의한 확정법률이 정부에 이송된 후 5일 이내에 대통령이 공포하지 아니할 때에는 국회의장이 이를 공포한다.

⑦법률은 특별한 규정이 없는 한 공포한 날로부터 20일을 경과함으로써 효력을 발생한다.

제54조 ①국회는 국가의 예산안을 심의 · 확정한다.

②정부는 회계연도마다 예산안을 편성하여 회계연도 개시 90일전까지 국회에 제출하고, 국회는 회계연도 개시 30일전까지 이를 의결하여야 한다.

③새로운 회계연도가 개시될 때까지 예산안이 의결되지 못한 때에는 정부는 국회에서 예산안이 의결될 때까지 다음의 목적을 위한 경비는 전년도 예산에 준하여 집행할 수 있다.

1. 헌법이나 법률에 의하여 설치된 기관 또는 시설의 유지 · 운영

2. 법률상 지출의무의 이행

3. 이미 예산으로 승인된 사업의 계속

제55조 ①한 회계연도를 넘어 계속하여 지출할 필요가 있을 때에는 정부는 연한을 정하여 계속비로서 국회의 의결을 얻어야 한다.

②예비비는 총액으로 국회의 의결을 얻어야 한다. 예비비의 지출은 차기국회의 승인을 얻어야 한다.

제56조 정부는 예산에 변경을 가할 필요가 있을 때에는 추가경정예산안을 편성하여 국회에 제출할 수 있다.

제57조 국회는 정부의 동의없이 정부가 제출한 지출예산 각항의 금액을 증가하거나 새 비목을 설치할 수 없다.

제58조 국채를 모집하거나 예산외에 국가의 부담이 될 계약을 체결하려 할 때에는 정부는 미리 국회의 의결을 얻어야 한다.

제59조 조세의 종목과 세율은 법률로 정한다.

제60조 ①국회는 상호원조 또는 안전보장에 관한 조약, 중요한 국제조직에 관한 조약, 우호통상항해조약, 주권의 제약에 관한 조약, 강화조약, 국가나 국민에게 중대한 재정적 부담을 지우는 조약 또는 입법사항에 관한 조약의 체결 · 비준에 대한 동의권을 가진다.

②국회는 선전포고, 국군의 외국에의 파견 또는 외국군대의 대한민국 영역안에서의 주류에 대한 동의권을 가진다.

제61조 ①국회는 국정을 감사하거나 특정한 국정사안에 대하여 조사할 수 있

으며, 이에 필요한 서류의 제출 또는 증인의 출석과 증언이나 의견의 진술을 요구할 수 있다.

②국정감사 및 조사에 관한 절차 기타 필요한 사항은 법률로 정한다.

제62조 ①국무총리 · 국무위원 또는 정부위원은 국회나 그 위원회에 출석하여 국정처리상황을 보고하거나 의견을 진술하고 질문에 응답할 수 있다.

②국회나 그 위원회의 요구가 있을 때에는 국무총리 · 국무위원 또는 정부위원은 출석 · 답변하여야 하며, 국무총리 또는 국무위원이 출석요구를 받은 때에는 국무위원 또는 정부위원으로 하여금 출석 · 답변하게 할 수 있다.

제63조 ①국회는 국무총리 또는 국무위원의 해임을 대통령에게 건의할 수 있다.

②제1항의 해임건의는 국회재적의원 3분의 1 이상의 발의에 의하여 국회재적의원 과반수의 찬성이 있어야 한다.

제64조 ①국회는 법률에 저촉되지 아니하는 범위안에서 의사와 내부규율에 관한 규칙을 제정할 수 있다.

②국회는 의원의 자격을 심사하며, 의원을 징계할 수 있다.

③의원을 제명하려면 국회재적의원 3분의 2 이상의 찬성이 있어야 한다.

④제2항과 제3항의 처분에 대하여는 법원에 제소할 수 없다.

제65조 ①대통령 · 국무총리 · 국무위원 · 행정각부의 장 · 헌법재판소 재판관 · 법관 · 중앙선거관리위원회 위원 · 감사원장 · 감사위원 기타 법률이 정한 공무원이 그 직무집행에 있어서 헌법이나 법률을 위배한 때에는 국회는 탄핵의 소추를 의결할 수 있다.

②제1항의 탄핵소추는 국회재적의원 3분의 1 이상의 발의가 있어야 하며, 그 의결은 국회재적의원 과반수의 찬성이 있어야 한다. 다만, 대통령에 대한 탄핵소추는 국회재적의원 과반수의 발의와 국회재적의원 3분의 2 이상의 찬성이 있어야 한다.

③탄핵소추의 의결을 받은 자는 탄핵심판이 있을 때까지 그 권한행사가 정지된다.

④탄핵결정은 공직으로부터 파면함에 그친다. 그러나, 이에 의하여 민사상이나 형사상의 책임이 면제되지는 아니한다.

제4장 정부

제1절 대통령

제66조 ①대통령은 국가의 원수이며, 외국에 대하여 국가를 대표한다.

②대통령은 국가의 독립 · 영토의 보전 · 국가의 계속성과 헌법을 수호할 책무를 진다.

③대통령은 조국의 평화적 통일을 위한 성실한 의무를 진다.

④행정권은 대통령을 수반으로 하는 정부에 속한다.

제67조 ①대통령은 국민의 보통 · 평등 · 직접 · 비밀선거에 의하여 선출한다.

②제1항의 선거에 있어서 최고득표자가 2인 이상인 때에는 국회의 재적의원 과반수가 출석한 공개회의에서 다수표를 얻은 자를 당선자로 한다.

③대통령후보자가 1인일 때에는 그 득표수가 선거권자 총수의 3분의 1 이상이 아니면 대통령으로 당선될 수 없다.

④대통령으로 선거될 수 있는 자는 국회의원의 피선거권이 있고 선거일 현재 40세에 달하여야 한다.

⑤대통령의 선거에 관한 사항은 법률로 정한다.

제68조 ①대통령의 임기가 만료되는 때에는 임기만료 70일 내지 40일전에 후임자를 선거한다.

②대통령이 궐위된 때 또는 대통령 당선자가 사망하거나 판결 기타의 사유로 그 자격을 상실한 때에는 60일 이내에 후임자를 선거한다.

제69조 대통령은 취임에 즈음하여 다음의 선서를 한다.

"나는 헌법을 준수하고 국가를 보위하며 조국의 평화적 통일과 국민의 자유와 복리의 증진 및 민족문화의 창달에 노력하여 대통령으로서의 직책을 성실히 수행할 것을 국민 앞에 엄숙히 선서합니다."

제70조 대통령의 임기는 5년으로 하며, 중임할 수 없다.

제71조 대통령이 궐위되거나 사고로 인하여 직무를 수행할 수 없을 때에는 국무총리, 법률이 정한 국무위원의 순서로 그 권한을 대행한다.

제72조 대통령은 필요하다고 인정할 때에는 외교 · 국방 · 통일 기타 국가안위에 관한 중요정책을 국민투표에 붙일 수 있다.

제73조 대통령은 조약을 체결 · 비준하고, 외교사절을 신임 · 접수 또는 파견하며, 선전포고와 강화를 한다.

제74조 ①대통령은 헌법과 법률이 정하는 바에 의하여 국군을 통수한다.

②국군의 조직과 편성은 법률로 정한다.

제75조 대통령은 법률에서 구체적으로 범위를 정하여 위임받은 사항과 법률을 집행하기 위하여 필요한 사항에 관하여 대통령령을 발할 수 있다.

제76조 ①대통령은 내우 · 외환 · 천재 · 지변 또는 중대한 재정 · 경제상의 위기에 있어서 국가의 안전보장 또는 공공의 안녕질서를 유지하기 위하여 긴급한 조치가 필요하고 국회의 집회를 기다릴 여유가 없을 때에 한하여 최소한으로 필요한 재정 · 경제상의 처분을 하거나 이에 관하여 법률의 효력을 가지는 명령을 발할 수 있다.

②대통령은 국가의 안위에 관계되는 중대한 교전상태에 있어서 국가를 보위하기 위하여 긴급한 조치가 필요하고 국회의 집회가 불가능한 때에 한하여 법률의 효력을 가지는 명령을 발할 수 있다.

③대통령은 제1항과 제2항의 처분 또는 명령을 한 때에는 지체없이 국회에 보고하여 그 승인을 얻어야 한다.

④제3항의 승인을 얻지 못한 때에는 그 처분 또는 명령은 그때부터 효력을 상실한다. 이 경우 그 명령에 의하여 개정 또는 폐지되었던 법률은 그

명령이 승인을 얻지 못한 때부터 당연히 효력을 회복한다.

⑤대통령은 제3항과 제4항의 사유를 지체없이 공포하여야 한다.

제77조 ①대통령은 전시 · 사변 또는 이에 준하는 국가비상사태에 있어서 병력으로써 군사상의 필요에 응하거나 공공의 안녕질서를 유지할 필요가 있을 때에는 법률이 정하는 바에 의하여 계엄을 선포할 수 있다.

②계엄은 비상계엄과 경비계엄으로 한다.

③비상계엄이 선포된 때에는 법률이 정하는 바에 의하여 영장제도, 언론 · 출판 · 집회 · 결사의 자유, 정부나 법원의 권한에 관하여 특별한 조치를 할 수 있다.

④계엄을 선포한 때에는 대통령은 지체없이 국회에 통고하여야 한다.

⑤국회가 재적의원 과반수의 찬성으로 계엄의 해제를 요구한 때에는 대통령은 이를 해제하여야 한다.

제78조 대통령은 헌법과 법률이 정하는 바에 의하여 공무원을 임면한다.

제79조 ①대통령은 법률이 정하는 바에 의하여 사면 · 감형 또는 복권을 명할 수 있다.

②일반사면을 명하려면 국회의 동의를 얻어야 한다.

③사면 · 감형 및 복권에 관한 사항은 법률로 정한다.

제80조 대통령은 법률이 정하는 바에 의하여 훈장 기타의 영전을 수여한다.

제81조 대통령은 국회에 출석하여 발언하거나 서한으로 의견을 표시할 수 있다.

제82조 대통령의 국법상 행위는 문서로써 하며, 이 문서에는 국무총리와 관계 국무위원이 부서한다. 군사에 관한 것도 또한 같다.

제83조 대통령은 국무총리 · 국무위원 · 행정각부의 장 기타 법률이 정하는 공사의 직을 겸할 수 없다.

제84조 대통령은 내란 또는 외환의 죄를 범한 경우를 제외하고는 재직중 형사상의 소추를 받지 아니한다.

제85조 전직대통령의 신분과 예우에 관하여는 법률로 정한다.

제2절 행정부

제1관 국무총리와 국무위원

제86조 ①국무총리는 국회의 동의를 얻어 대통령이 임명한다.

②국무총리는 대통령을 보좌하며, 행정에 관하여 대통령의 명을 받아 행정각부를 통할한다.

③군인은 현역을 면한 후가 아니면 국무총리로 임명될 수 없다.

제87조 ①국무위원은 국무총리의 제청으로 대통령이 임명한다.

②국무위원은 국정에 관하여 대통령을 보좌하며, 국무회의의 구성원으로서 국정을 심의한다.

③국무총리는 국무위원의 해임을 대통령에게 건의할 수 있다.

④군인은 현역을 면한 후가 아니면 국무위원으로 임명될 수 없다.

제2관 국무회의

제88조 ①국무회의는 정부의 권한에 속하는 중요한 정책을 심의한다.

②국무회의는 대통령 · 국무총리와 15인 이상 30인 이하의 국무위원으로 구성한다.

③대통령은 국무회의의 의장이 되고, 국무총리는 부의장이 된다.

제89조 다음 사항은 국무회의의 심의를 거쳐야 한다.

1. 국정의 기본계획과 정부의 일반정책
2. 선전 · 강화 기타 중요한 대외정책
3. 헌법개정안 · 국민투표안 · 조약안 · 법률안 및 대통령령안
4. 예산안 · 결산 · 국유재산처분의 기본계획 · 국가의 부담이 될 계약 기타 재정에 관한 중요사항
5. 대통령의 긴급명령 · 긴급재정경제처분 및 명령 또는 계엄과 그 해제

6. 군사에 관한 중요사항

7. 국회의 임시회 집회의 요구

8. 영전수여

9. 사면 · 감형과 복권

10. 행정각부간의 권한의 획정

11. 정부안의 권한의 위임 또는 배정에 관한 기본계획

12. 국정처리상황의 평가 · 분석

13. 행정각부의 중요한 정책의 수립과 조정

14. 정당해산의 제소

15. 정부에 제출 또는 회부된 정부의 정책에 관계되는 청원의 심사

16. 검찰총장 · 합동참모의장 · 각군참모총장 · 국립대학교총장 · 대사 기타 법률이 정한 공무원과 국영기업체관리자의 임명

17. 기타 대통령 · 국무총리 또는 국무위원이 제출한 사항

제90조 ①국정의 중요한 사항에 관한 대통령의 자문에 응하기 위하여 국가원로로 구성되는 국가원로자문회의를 둘 수 있다.

②국가원로자문회의의 의장은 직전대통령이 된다. 다만, 직전대통령이 없을 때에는 대통령이 지명한다.

③국가원로자문회의의 조직 · 직무범위 기타 필요한 사항은 법률로 정한다.

제91조 ①국가안전보장에 관련되는 대외정책 · 군사정책과 국내정책의 수립에 관하여 국무회의의 심의에 앞서 대통령의 자문에 응하기 위하여 국가안전보장회의를 둔다.

②국가안전보장회의는 대통령이 주재한다.

③국가안전보장회의의 조직 · 직무범위 기타 필요한 사항은 법률로 정한다.

제92조 ①평화통일정책의 수립에 관한 대통령의 자문에 응하기 위하여 민주

평화통일자문회의를 둘 수 있다.

②민주평화통일자문회의의 조직 · 직무범위 기타 필요한 사항은 법률로 정한다.

제93조 ①국민경제의 발전을 위한 중요정책의 수립에 관하여 대통령의 자문에 응하기 위하여 국민경제자문회의를 둘 수 있다.

②국민경제자문회의의 조직 · 직무범위 기타 필요한 사항은 법률로 정한다.

제3관 행정각부

제94조 행정각부의 장은 국무위원 중에서 국무총리의 제청으로 대통령이 임명한다.

제95조 국무총리 또는 행정각부의 장은 소관사무에 관하여 법률이나 대통령령의 위임 또는 직권으로 총리령 또는 부령을 발할 수 있다.

제96조 행정각부의 설치 · 조직과 직무범위는 법률로 정한다.

제4관 감사원

제97조 국가의 세입 · 세출의 결산, 국가 및 법률이 정한 단체의 회계검사와 행정기관 및 공무원의 직무에 관한 감찰을 하기 위하여 대통령 소속하에 감사원을 둔다.

제98조 ①감사원은 원장을 포함한 5인 이상 11인 이하의 감사위원으로 구성한다.

②원장은 국회의 동의를 얻어 대통령이 임명하고, 그 임기는 4년으로 하며, 1차에 한하여 중임할 수 있다.

③감사위원은 원장의 제청으로 대통령이 임명하고, 그 임기는 4년으로 하며, 1차에 한하여 중임할 수 있다.

제99조 감사원은 세입 · 세출의 결산을 매년 검사하여 대통령과 차년도국회

에 그 결과를 보고하여야 한다.

제100조 감사원의 조직 · 직무범위 · 감사위원의 자격 · 감사대상공무원의 범위 기타 필요한 사항은 법률로 정한다.

제5장 법원

제101조 ①사법권은 법관으로 구성된 법원에 속한다.

②법원은 최고법원인 대법원과 각급법원으로 조직된다.

③법관의 자격은 법률로 정한다.

제102조 ①대법원에 부를 둘 수 있다.

②대법원에 대법관을 둔다. 다만, 법률이 정하는 바에 의하여 대법관이 아닌 법관을 둘 수 있다.

③대법원과 각급법원의 조직은 법률로 정한다.

제103조 법관은 헌법과 법률에 의하여 그 양심에 따라 독립하여 심판한다.

제104조 ①대법원장은 국회의 동의를 얻어 대통령이 임명한다.

②대법관은 대법원장의 제청으로 국회의 동의를 얻어 대통령이 임명한다.

③대법원장과 대법관이 아닌 법관은 대법관회의의 동의를 얻어 대법원장이 임명한다.

제105조 ①대법원장의 임기는 6년으로 하며, 중임할 수 없다.

②대법관의 임기는 6년으로 하며, 법률이 정하는 바에 의하여 연임할 수 있다.

③대법원장과 대법관이 아닌 법관의 임기는 10년으로 하며, 법률이 정하는 바에 의하여 연임할 수 있다.

④법관의 정년은 법률로 정한다.

제106조 ①법관은 탄핵 또는 금고 이상의 형의 선고에 의하지 아니하고는 파

면되지 아니하며, 징계처분에 의하지 아니하고는 정직 · 감봉 기타 불리한 처분을 받지 아니한다.

②법관이 중대한 심신상의 장해로 직무를 수행할 수 없을 때에는 법률이 정하는 바에 의하여 퇴직하게 할 수 있다.

제107조 ①법률이 헌법에 위반되는 여부가 재판의 전제가 된 경우에는 법원은 헌법재판소에 제청하여 그 심판에 의하여 재판한다.

②명령 · 규칙 또는 처분이 헌법이나 법률에 위반되는 여부가 재판의 전제가 된 경우에는 대법원은 이를 최종적으로 심사할 권한을 가진다.

③재판의 전심절차로서 행정심판을 할 수 있다. 행정심판의 절차는 법률로 정하되, 사법절차가 준용되어야 한다.

제108조 대법원은 법률에 저촉되지 아니하는 범위안에서 소송에 관한 절차, 법원의 내부규율과 사무처리에 관한 규칙을 제정할 수 있다.

제109조 재판의 심리와 판결은 공개한다. 다만, 심리는 국가의 안전보장 또는 안녕질서를 방해하거나 선량한 풍속을 해할 염려가 있을 때에는 법원의 결정으로 공개하지 아니할 수 있다.

제110조 ①군사재판을 관할하기 위하여 특별법원으로서 군사법원을 둘 수 있다.

②군사법원의 상고심은 대법원에서 관할한다.

③군사법원의 조직 · 권한 및 재판관의 자격은 법률로 정한다.

④비상계엄하의 군사재판은 군인 · 군무원의 범죄나 군사에 관한 간첩죄의 경우와 초병 · 초소 · 유독음식물공급 · 포로에 관한 죄중 법률이 정한 경우에 한하여 단심으로 할 수 있다. 다만, 사형을 선고한 경우에는 그러하지 아니하다.

제6장 헌법재판소

제111조 ①헌법재판소는 다음 사항을 관장한다.

1. 법원의 제청에 의한 법률의 위헌여부 심판
2. 탄핵의 심판
3. 정당의 해산 심판
4. 국가기관 상호간, 국가기관과 지방자치단체간 및 지방자치단체 상호간의 권한쟁의에 관한 심판
5. 법률이 정하는 헌법소원에 관한 심판

②헌법재판소는 법관의 자격을 가진 9인의 재판관으로 구성하며, 재판관은 대통령이 임명한다.

③제2항의 재판관중 3인은 국회에서 선출하는 자를, 3인은 대법원장이 지명하는 자를 임명한다.

④헌법재판소의 장은 국회의 동의를 얻어 재판관중에서 대통령이 임명한다.

제112조 ①헌법재판소 재판관의 임기는 6년으로 하며, 법률이 정하는 바에 의하여 연임할 수 있다.

②헌법재판소 재판관은 정당에 가입하거나 정치에 관여할 수 없다.

③헌법재판소 재판관은 탄핵 또는 금고 이상의 형의 선고에 의하지 아니하고는 파면되지 아니한다.

제113조 ①헌법재판소에서 법률의 위헌결정, 탄핵의 결정, 정당해산의 결정 또는 헌법소원에 관한 인용결정을 할 때에는 재판관 6인 이상의 찬성이 있어야 한다.

②헌법재판소는 법률에 저촉되지 아니하는 범위안에서 심판에 관한 절차, 내부규율과 사무처리에 관한 규칙을 제정할 수 있다.

③헌법재판소의 조직과 운영 기타 필요한 사항은 법률로 정한다.

제7장 선거관리

제114조 ①선거와 국민투표의 공정한 관리 및 정당에 관한 사무를 처리하기 위하여 선거관리위원회를 둔다.

②중앙선거관리위원회는 대통령이 임명하는 3인, 국회에서 선출하는 3인과 대법원장이 지명하는 3인의 위원으로 구성한다. 위원장은 위원중에서 호선한다.

③위원의 임기는 6년으로 한다.

④위원은 정당에 가입하거나 정치에 관여할 수 없다.

⑤위원은 탄핵 또는 금고 이상의 형의 선고에 의하지 아니하고는 파면되지 아니한다.

⑥중앙선거관리위원회는 법령의 범위안에서 선거관리·국민투표관리 또는 정당사무에 관한 규칙을 제정할 수 있으며, 법률에 저촉되지 아니하는 범위안에서 내부규율에 관한 규칙을 제정할 수 있다.

⑦각급 선거관리위원회의 조직·직무범위 기타 필요한 사항은 법률로 정한다.

제115조 ①각급 선거관리위원회는 선거인명부의 작성등 선거사무와 국민투표사무에 관하여 관계 행정기관에 필요한 지시를 할 수 있다.

②제1항의 지시를 받은 당해 행정기관은 이에 응하여야 한다.

제116조 ①선거운동은 각급 선거관리위원회의 관리하에 법률이 정하는 범위안에서 하되, 균등한 기회가 보장되어야 한다.

②선거에 관한 경비는 법률이 정하는 경우를 제외하고는 정당 또는 후보자에게 부담시킬 수 없다.

제8장 지방자치

제117조 ①지방자치단체는 주민의 복리에 관한 사무를 처리하고 재산을 관리하며, 법령의 범위안에서 자치에 관한 규정을 제정할 수 있다.

②지방자치단체의 종류는 법률로 정한다.

제118조 ①지방자치단체에 의회를 둔다.

②지방의회의 조직·권한·의원선거와 지방자치단체의 장의 선임방법 기타 지방자치단체의 조직과 운영에 관한 사항은 법률로 정한다.

제9장 경제

제119조 ①대한민국의 경제질서는 개인과 기업의 경제상의 자유와 창의를 존중함을 기본으로 한다.

②국가는 균형있는 국민경제의 성장 및 안정과 적정한 소득의 분배를 유지하고, 시장의 지배와 경제력의 남용을 방지하며, 경제주체간의 조화를 통한 경제의 민주화를 위하여 경제에 관한 규제와 조정을 할 수 있다.

제120조 ①광물 기타 중요한 지하자원·수산자원·수력과 경제상 이용할 수 있는 자연력은 법률이 정하는 바에 의하여 일정한 기간 그 채취·개발 또는 이용을 특허할 수 있다.

②국토와 자원은 국가의 보호를 받으며, 국가는 그 균형있는 개발과 이용을 위하여 필요한 계획을 수립한다.

제121조 ①국가는 농지에 관하여 경자유전의 원칙이 달성될 수 있도록 노력하여야 하며, 농지의 소작제도는 금지된다.

②농업생산성의 제고와 농지의 합리적인 이용을 위하거나 불가피한 사정으로 발생하는 농지의 임대차와 위탁경영은 법률이 정하는 바에 의하여 인정된다.

제122조 국가는 국민 모두의 생산 및 생활의 기반이 되는 국토의 효율적이고 균형있는 이용·개발과 보전을 위하여 법률이 정하는 바에 의하여 그에 관한 필요한 제한과 의무를 과할 수 있다.

제123조 ①국가는 농업 및 어업을 보호·육성하기 위하여 농·어촌종합개발과 그 지원등 필요한 계획을 수립·시행하여야 한다.

②국가는 지역간의 균형있는 발전을 위하여 지역경제를 육성할 의무를 진다.

③국가는 중소기업을 보호·육성하여야 한다.

④국가는 농수산물의 수급균형과 유통구조의 개선에 노력하여 가격안정을 도모함으로써 농·어민의 이익을 보호한다.

⑤국가는 농·어민과 중소기업의 자조조직을 육성하여야 하며, 그 자율적 활동과 발전을 보장한다.

제124조 국가는 건전한 소비행위를 계도하고 생산품의 품질향상을 촉구하기 위한 소비자보호운동을 법률이 정하는 바에 의하여 보장한다.

제125조 국가는 대외무역을 육성하며, 이를 규제·조정할 수 있다.

제126조 국방상 또는 국민경제상 긴절한 필요로 인하여 법률이 정하는 경우를 제외하고는, 사영기업을 국유 또는 공유로 이전하거나 그 경영을 통제 또는 관리할 수 없다.

제127조 ①국가는 과학기술의 혁신과 정보 및 인력의 개발을 통하여 국민경제의 발전에 노력하여야 한다.

②국가는 국가표준제도를 확립한다.

③대통령은 제1항의 목적을 달성하기 위하여 필요한 자문기구를 둘 수 있다.

제10장 헌법개정

제128조 ①헌법개정은 국회재적의원 과반수 또는 대통령의 발의로 제안된다.

②대통령의 임기연장 또는 중임변경을 위한 헌법개정은 그 헌법개정 제안 당시의 대통령에 대하여는 효력이 없다.

제129조 제안된 헌법개정안은 대통령이 20일 이상의 기간 이를 공고하여야 한다.

제130조 ①국회는 헌법개정안이 공고된 날로부터 60일 이내에 의결하여야 하며, 국회의 의결은 재적의원 3분의 2 이상의 찬성을 얻어야 한다.

②헌법개정안은 국회가 의결한 후 30일 이내에 국민투표에 붙여 국회의원선거권자 과반수의 투표와 투표자 과반수의 찬성을 얻어야 한다.

③헌법개정안이 제2항의 찬성을 얻은 때에는 헌법개정은 확정되며, 대통령은 즉시 이를 공포하여야 한다.

부칙 〈제10호, 1987.10.29.〉

제1조 이 헌법은 1988년 2월 25일부터 시행한다. 다만, 이 헌법을 시행하기 위하여 필요한 법률의 제정·개정과 이 헌법에 의한 대통령 및 국회의원의 선거 기타 이 헌법시행에 관한 준비는 이 헌법시행 전에 할 수 있다.

제2조 ①이 헌법에 의한 최초의 대통령선거는 이 헌법시행일 40일 전까지 실시한다.

②이 헌법에 의한 최초의 대통령의 임기는 이 헌법시행일로부터 개시한다.

제3조 ①이 헌법에 의한 최초의 국회의원선거는 이 헌법공포일로부터 6월 이내에 실시하며, 이 헌법에 의하여 선출된 최초의 국회의원의 임기는 국회

의원선거후 이 헌법에 의한 국회의 최초의 집회일로부터 개시한다.

②이 헌법공포 당시의 국회의원의 임기는 제1항에 의한 국회의 최초의 집회일 전일까지로 한다.

제4조 ①이 헌법시행 당시의 공무원과 정부가 임명한 기업체의 임원은 이 헌법에 의하여 임명된 것으로 본다. 다만, 이 헌법에 의하여 선임방법이나 임명권자가 변경된 공무원과 대법원장 및 감사원장은 이 헌법에 의하여 후임자가 선임될 때까지 그 직무를 행하며, 이 경우 전임자인 공무원의 임기는 후임자가 선임되는 전일까지로 한다.

②이 헌법시행 당시의 대법원장과 대법원판사가 아닌 법관은 제1항 단서의 규정에 불구하고 이 헌법에 의하여 임명된 것으로 본다.

③이 헌법중 공무원의 임기 또는 중임제한에 관한 규정은 이 헌법에 의하여 그 공무원이 최초로 선출 또는 임명된 때로부터 적용한다.

제5조 이 헌법시행 당시의 법령과 조약은 이 헌법에 위배되지 아니하는 한 그 효력을 지속한다.

제6조 이 헌법시행 당시에 이 헌법에 의하여 새로 설치될 기관의 권한에 속하는 직무를 행하고 있는 기관은 이 헌법에 의하여 새로운 기관이 설치될 때까지 존속하며 그 직무를 행한다.